《评估指南》背景下幼儿园保育教育

运动健康

主编◎徐曼丽　陈晓鹭　韩　志

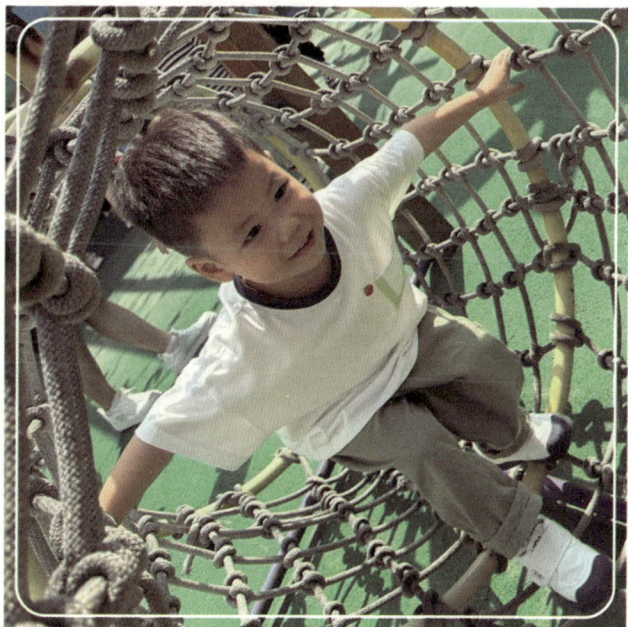

中国出版集团有限公司

世界图书出版公司
北京　广州　上海　西安

序

学前教育工作是一项奠基工程，也是一项未来工程。办好学前教育，关系亿万儿童健康成长，关系社会和谐稳定，关系党和国家事业未来。

党的十九大提出，要在"幼有所育""幼有优育"上不断取得新进展，习近平总书记就学前教育改革发展多次作出重要批示。我国已经进入高质量发展阶段，党的十九届五中全会从国家层面提出了建设高质量教育体系的要求。由此，学前教育已真正成为高质量教育体系的有机组成部分。

"十四五"是学前教育从高速增长向高质量发展转型的关键期，即从公益普惠向优质发展。为此，我们应根据高质量的要求，深入思考学前教育改革和发展中关于"培养什么人、怎样培养人、为谁培养人"的根本问题。2022年2月，教育部印发《幼儿园保育教育质量评估指南》（以下简称《评估指南》）指出，坚持社会主义办园方向，践行立德树人的使命，树立科学评价导向，推动构建科学保教体系，整体提升幼儿园办学水平和保教质量。《评估指南》首次将"品德启蒙"列入幼儿园"办园方向"关键指标，幼儿品德启蒙教育的重要性愈加凸显。

幼儿教育除了文化启蒙，更重要的是良好品德的培养，对于幼儿个体成长与发展具有重要的奠基作用。

《评估指南》颁布两年以来，各地纷纷响应，践行文件精神。但是很多幼儿园依然无法理解和参透《评估指南》的精髓，无法真正落实其精神，不知如何在保育教育中践行。在现实执行过程中文件是文件，保教过程是保教过程，两者出现了剥离，前者成了用来学习的理论，并没有很好地引导后者质量的提高。

怎样在两者之间架起联系的桥梁，让文件的精神落实在保教过程中，更契合一线工作者的需求呢？

本书立足幼儿品德启蒙教育探索与研究，以习近平新时代中国特色社会主义思想为引领，贯彻《新时代幼儿园教师职业行为十项准则》和《评估指南》，从《评估指南》中提取品德教育、保育工作、运动健康、安全工作、一日生活、幼小衔接、师幼互动、家园共育、环境创设、园本教研十个核心方面，分别进行阐述，其内容全面，涉及幼儿园工作的各个方面；每册目标鲜明、主题突出、论述亲切、可读，案例选材经典、主题深入、分析精练，有利于教师灵活使用。

为了增强可读性、时效性和操作性，图书中的案例作者以幼儿园一线教师为主，事件是发生在实际生活中的，建议是基于成功经验的总结和提升的，他们能够以理论为工具，对教育行为和实践进行对照分析，每个案例的说明，都以落实《评估指南》为目标，能尽快提高师德素养与保教能力，也有助于幼儿家长等社会人士了解幼儿品德启蒙教育的相关知识与技巧。

希望本书能够引起广大教师的共鸣，为幼儿品德启蒙教育实践提供借鉴与指导。让《评估指南》不再是文字要求，而是行为自觉。

希望这本书能给幼教工作者们以启发，也希望对幼儿园品德课程改革起到引领、启迪和借鉴的作用。

杨雅清

前 言

教育部颁发的《评估指南》在"保育与安全"内容下的关键指标"生活照料"中指出，要制订并实施与幼儿身体发展相适应的体格锻炼计划，保证每天户外活动时间不少于两小时，体育活动时间不少于 1 小时。关键指标"活动组织"中也指出，以游戏为基本活动，确保幼儿每天有充分的自主游戏时间，因地制宜地为幼儿创设游戏环境，提供丰富适宜的游戏材料，支持探究、试错、重复等行为，与幼儿一起分享游戏经验。基于《评估指南》的学习与理解，对于幼儿园运动与健康的理论认识与实践手段也将会有一个新的提升。

本书共分三个章节：第一章为理论概述，介绍了幼儿运动的重要性和实施健康运动的策略；第二章为幼儿基本动作介绍，主要包括走、跑、跳、攀登、钻爬以及投掷动作，对不同年龄阶段的动作发展目标进行了解读与说明；第三章为运动健康活动案例，收集并整理了体育游戏、户外活动、传统体育游戏等方面的活动案例，结合活动实录进行具体分析与支持。本书既明晰了运动健康基础理论，又整合了基本动作发展的要点、注意事项等内容，还呈现了大量的教学案例，内容翔实，结构完整，实践与理论相结合，对幼儿园组织、开发、实施运动健康活动具有借鉴和参考价值。

由于编者水平和能力所限，书中内容难免有不足之处，敬请广大教师及读者提出宝贵意见及建议，以便再版时修订、完善。

目 录

1

附录：评估量表

微信扫码
- AI 教学助手
- 内容图谱
- 知识图卡
- 保育笔记

第一章

运动健康基础理论

第一节　运动促进幼儿健康发展

影响幼儿体质的因素很多，如遗传、先天素质、生活条件、营养状况、个体特征、身体锻炼和体育活动等。其中经常性的、适合于幼儿的运动是增强幼儿体质最积极、最有效的因素，也是增强幼儿健康的积极手段。

幼儿在参与运动的过程中，不仅能获得身体上的锻炼与发展，还有助于幼儿心理、社会性等方面的良好发展。

一、运动与幼儿身体的发展

幼儿阶段生长发育迅速，身体各组织、器官与系统正处于发育的关键时期，适当的运动对幼儿的身体运动系统、心肺系统、神经系统等都具有良好的刺激和促进作用。

运动能促进幼儿骨组织的新陈代谢，使身高增长，骨骼更加强健；能使幼儿身体各部位的肌肉组织和关节得到锻炼，提高肌肉的力量和耐力，增强关节的牢固性；能提高幼儿心肌收缩能力，使脉搏输出量得到增加；能锻炼幼儿的呼吸肌，增大肺的通气量和肺活量。经常在天气多变的自然环境中进行运动和锻炼，还能增强幼儿神经系统对身体的调节机能，逐步提高幼儿机体的适应能力和抵抗疾病的能力。

运动对于幼儿神经系统的发育与脑功能的完善具有特别重要的价值。首先，运动能提高幼儿神经系统对机体的调节与控制能力。例如，幼儿通过各种身体动作的练习，能提高神经系统对肌肉组织的控制与调节能力，使动作的准确性和完成度不断提高；幼儿参与跑、跳等运动，能增强神经系统对心肺系统的调节功能；幼儿进行投掷、拍球、抛接球等运动，能提高神经系统对视觉、肌肉运动的综合调节能力。其次，适当的运动能改善幼儿神经过程的不均衡性，促使大脑皮质的抑制加深，使兴奋和抑制更加集中。例如，幼儿通过单脚站立、走平衡板、走跑中急停或改变方向等运动，能增强大脑皮质的抑制过程，使抑制加深，提高神经系统对身体的控制能力；而幼儿通过玩追逐躲闪跑、单双脚变换跳、躲避沙包等游戏，又能使神经过程的兴奋更加集中，提高神经过程的灵活性。此外，一些针对性的运动还能有效促进幼儿大脑双侧分化与前庭平衡功能，增强前庭功能的稳定性，同时使幼儿视觉、触觉、本体感等得到协调发展，避免感觉统合失调，促进学习能力发展。

幼儿经常参加体育运动，能使基本动作（如走、跑、跳跃、投掷、攀登、钻、爬等）技能得到一定的发展，能提高幼儿的平衡能力、协调能力、灵敏性、力量、耐力、速度、柔韧性等身体素质。

这不仅有利于幼儿动作能力的提高和体质的增强，而且能为其更好地维护自身安全、适应社会生活提供重要的保障，同时，为其进一步发展各种运动技能提供良好的基础。

二、运动与幼儿心理、社会性等方面的发展

运动医学与脑科学的研究表明，早期运动有助于增强幼儿脑组织的功能和感觉统合，这些都将为幼儿认知能力的发展提供良好的生理基础。同时，幼儿在运动中还伴随着大量的认知活动。例如，幼儿需要认识并记忆身体部位和运动器械的名称；要理解游戏的方法、运动的规则；要注意观察和记忆教师的动作示范和动作要求；要模仿和表现各种身体姿态和动作；要判断物体或他人运动的速度、方向及位置，并适时地调整自己的空间方位和速度等。运动不仅仅是身体的活动，也是认知的活动，这些过程和经验都有助于幼儿认知能力的发展。

运动能缓解幼儿的紧张和压力，减少和消除不良的情绪。幼儿在快乐的运动中，还能获得一定的成功体验和良好感受，从而使他们心情舒畅、活泼开朗、积极主动、充满自信。在运动中，幼儿会面临一些挑战，也会遇到一些困难和挫折，这时需要幼儿勇敢地去面对，树立起克服困难的信心，大胆地去尝试和探索。因此，运动有助于培养幼儿积极乐观的态度与坚强、勇敢、不怕困难等良好的意志品质。

幼儿参加运动的过程也是与他人交往的过程，需要幼儿遵守游戏规则，克服自我中心和自我冲动，学会等待、分享和合作，还要具有一定的团体意识以及责任感，这些都将为幼儿社会性的良好发展提供有利的契机。

第二节　实施健康运动的策略

　　幼儿健康是指幼儿期各个器官、组织的正常发育，能够较好地抵抗各种疾病，性格开朗，情绪乐观，无心理障碍，对环境有较快的适应能力。《评估指南》鲜明地提出了以促进幼儿身心健康发展为导向的科学保育教育质量评估体系，推动树立科学保育教育理念，尊重幼儿年龄特点和成长规律，尊重幼儿个体差异，引领幼儿园、家庭和社会各界达成共识，共同树立科学的儿童观和质量观，努力培养具有良好品德和行为习惯、具备好奇心和探究兴趣、健康和谐发展的幼儿，全面提升幼儿园办园水平和保育教育质量。

一、设计多样化的运动项目

　　幼儿园应根据幼儿的年龄和兴趣特点，设计多样化的运动项目，如攀爬、跳跃、投掷、跑步等。这些项目既能够锻炼幼儿的身体，又能激发他们的运动兴趣。同时，可以结合季节和节日特点，开展特色运动活动，如春季运动会、冬季冰雪运动等。

二、创设安全舒适的运动环境

安全是幼儿运动的首要条件。幼儿园应确保运动场地设施的安全性和卫生状况，定期检查和维护运动器材，避免因设施问题导致意外事故的发生。同时，教师应加强安全教育，引导幼儿正确使用运动器材，遵守运动规则，确保他们在安全的环境中勇敢尝试。

三、提供个性化的指导和支持

每个幼儿的身体素质和运动能力都有所不同，因此教师在活动中应关注每个幼儿的特点和需求，提供个性化的指导和支持。对于运动能力较弱的幼儿，教师可以给予更多的鼓励和帮助，让他们逐渐适应运动节奏；对于运动能力较强的幼儿，教师可以设置更高的挑战目标，激发他们的潜能和创造力。

四、加强家园共育的合作

幼儿园应与家长保持密切沟通，共同关注幼儿的运动健康。教师可以通过家长会、家访等方式，向家长宣传健康运动的重要性，引导家长在家中也为孩子提供适当的运动机会。同时，家长可以积极参与幼儿园的运动活动，与孩子一起享受运动的乐趣，共同促进孩子的健康成长。

第二章
幼儿基本动作发展

第一节 幼儿基本动作发展概述

幼儿期是人生中最美好的时光之一，这个时期的孩子正处于身体和智力发展的关键阶段。在这个阶段，孩子们通过不断地探索和练习，逐渐掌握各种基本动作技能，这些技能对他们的未来发展具有重要的意义。

一、什么是基本动作

基本动作，即人体的基本活动能力，是指人们在日常生活和社会实践活动中所必需的、最基本的身体运动的技能。

基本动作包括：走、跑、跳、投掷、钻爬、平衡、攀爬等动作。

二、基本动作技能核心

（一）走、跑、跳、投：幼儿基本动作技能的核心

1.走：走是幼儿最早掌握的基本动作之一，它是幼儿独立行动的基础。从刚开始的蹒跚学步到后来的稳健行走，幼儿逐渐学会了如何平衡身体、控制步伐和协调肌肉。

2.跑：跑是走的发展，它要求幼儿在行走的基础上，提高速度

和身体协调性。幼儿在跑的过程中，不仅能锻炼腿部肌肉，还能提高心肺功能。

3. 跳：跳是幼儿基本动作技能中重要的一环，它包括单脚跳、双脚跳等多种形式。通过跳跃，幼儿能够锻炼腿部肌肉和关节，提高身体协调性。

4. 投：投是发展幼儿手臂和腰部力量的动作，它包括投掷、抛接等多种形式。通过投掷，幼儿能够锻炼手臂和腰部的肌肉，提高手眼协调能力。

（二）攀爬、滚翻、支撑、悬垂：幼儿动作技能的拓展

1. 攀爬：攀爬是幼儿勇敢和自信的体现，它能锻炼幼儿的手臂和腿部力量，提高身体协调性。

2. 滚翻：滚翻是幼儿在地面上的翻滚动作，它能锻炼幼儿的身体柔软度和协调性，提高空间感知能力。

3. 支撑：支撑是幼儿用手掌撑地的动作，它能锻炼幼儿的手臂力量和身体协调性。

4. 悬垂：悬垂是幼儿用手悬挂在物体上的动作，它能锻炼幼儿的手臂力量和耐力。

（三）平衡、协调：幼儿动作技能的升华

1. 平衡：平衡是幼儿在站立或移动过程中，保持身体稳定的能力。通过平衡训练，幼儿能够提高身体协调性，预防跌倒。

2. 协调：协调是幼儿在完成各种动作过程中，身体各部位配合默契的能力。通过协调训练，幼儿能够提高动作的准确性和流畅性。

三、幼儿基本动作发展与年龄特点的关系

3～4岁年龄段的幼儿处在身体生长初级阶段，体能较弱，也是基本运动动作的初学阶段，运动能力还不够自如，力量及协调性和准确性较弱，对团队合作、规则协调一致的能力相对也很差。这个阶段的幼儿喜欢模仿，但是注意力不易集中；对运动中的动作、角色和情节感兴趣，但是对运动的规则和结果不太注意。因此，这个年龄段的运动技巧、动作及情节要简单，容易完成；角色要少，规则简单明了，容易模仿。

4～5岁年龄段的幼儿体能、智力都有了进一步的发展，运动动作的协调性、准确性和平衡能力都在提高，能够独立完成运动、能够控制自己。这个阶段的幼儿注意力很容易集中，很有信心，喜欢挑战自我，可以进行简单的团队合作，对于运动投入的积极性和竞争性在加强，也有了一定的创造性。因此，这个年龄段的运动技巧，运动设计动作要多样性，有难度；设置情节、角色要有竞争性及规则。

5～6岁年龄段的幼儿身体壮实，体能很充沛、智力更成熟。这个年龄段的幼儿能够熟练掌握运动动作的基本要领；协调性明显增强且灵活自如；沟通及解决问题的能力显著提高，开始有了领导力

和创造力，有了责任感和正义感，结果一定要有胜负之分。因此，这个年龄段的运动技巧，运动动作增多、难度加大、竞争性加强；情节设置和角色的关系要更复杂。

四、幼儿基本动作发展的影响因素

1.遗传因素：遗传因素对幼儿基本动作技能的发展具有一定的影响，不同体质的幼儿在动作发展上存在差异。

2.环境因素：良好的环境有利于幼儿基本动作技能的发展。家庭、学校和社会应为幼儿提供充足的运动空间和设施。

3.教育因素：家长和教师的关注与指导，对幼儿基本动作技能的发展至关重要。通过科学的教育方法，可以有效促进幼儿动作技能的提升。

4.幼儿自身的努力：幼儿在基本动作技能的发展过程中，需要不断尝试和练习，克服困难，才能取得进步。

五、幼儿基本动作发展的意义

在人的身体生长发育过程中，动作发展是每个人必须经历的过程，不可以超越，也不能逆转。因此，《幼儿园工作规程》强调："幼儿园不得提前教授小学教育内容，不得开展任何违背幼儿身心发展规律的活动。"

（一）动作发展形成儿童良好的行为习惯

动作发展可以培养儿童正确的身体姿势、卫生习惯、睡眠、合作、集体、人际关系等健康行为，正确的走、跑、跳、球类等游戏的练习及适当的运动强度（影响身体发育和睡眠质量的重要因素）均是形成儿童健康行为的主要手段。

（二）动作发展可以培养幼儿的合作及团队精神

动作发展在体育游戏中进行，体育游戏又可以培养儿童的合作及团队精神，儿童在体育活动中承受一定的运动负荷，可以形成良好的饮食和睡眠习惯，促进身体发育，健康成长。不少幼儿园为了儿童的安全，不敢在体育活动中增加运动强度，儿童在体育活动中没有大强度的运动，体内的能量消耗不了，直接影响晚餐和睡眠的质量和时间。有经验的幼儿园在下午的体育活动中，会安排有一定强度的练习，让儿童在活动中出汗，从而提高幼儿晚餐的质量及保证足够的睡眠时间。因此，良好的行为习惯必须从儿童开始，动作发展是抓手。

（三）动作发展可以塑造性格

体育运动可以塑造性格。童年是孩子性格最佳的培养期，在这一时期，家长可以多带孩子参与体育运动，加之培养。运动心理学研究证明：各项体育运动都需要较高的自我控制能力、坚定的信心、勇敢果断和坚忍刚毅的意志等心理品质为基础。因此，有针对性地进行体育锻炼，对培养健全性格有特殊的功效。体育对于男孩的意义尤其重要。运动给了他们发泄旺盛精力的途径，并给了他们展示自身长处和加入集体的机会，男孩们通常在运动中形成生活态度和价值观。他们从开始拿住球的时候，就开始学习许多重要的人生道理。

幼儿通过基本动作的练习，可以有效地锻炼整个身体，提高身体素质，增强体质；同时发展幼儿身体的基本活动能力，又能为儿童更好地适应社会生活创造有利的条件。

幼儿基本动作技能的发展是一个循序渐进的过程，需要家长、教师和社会的共同关注和支持。通过科学的训练，幼儿能够逐步掌握走、跑、跳、投等基本动作技能，为未来的成长奠定坚实的基础。让我们共同努力，为幼儿的动作发展创造更好的条件，帮助他们茁壮成长。

微信扫码
- AI 教学助手
- 内容图谱
- 知识图卡
- 保育笔记

第二节　走、跑、跳动作发展

走的动作

走是幼儿需要学习的基本动作之一，是一种周期性有氧代谢活动。

一、动作发展价值

走的能力发展，不仅增强幼儿腿部肌肉力量，提高身体的平衡和协调性，还为幼儿探索世界和认识世界，更好地适应社会，促进身心健康奠定良好的基础。

二、动作基本要求

根据动作形式不同，可以将走分为：自然走、前脚掌走、脚跟走、轻轻走、高抬腿走、后踢步、蹲着走、协同走、弹簧步、后退走、变化手臂的走、拍响走、击响走、持物走。

（一）自然走步

步幅大而均匀，摆腿方向正，落地轻柔，两脚跟内侧在一条直线上，脚尖稍向外；头正，颈直，眼向前看；躯干正直，自然挺胸，肩膀放松；两臂以肩为轴，前后自然摆动，与下肢配合协调；注意力集中。

（二）前脚掌走

脚跟尽量提起，直腰、挺胸、步幅小。

（三）脚跟走

步幅要小，落地要轻，支撑腿稍屈，两脚跟间距稍宽。

（四）轻轻走

步幅要小，脚跟轻着地后，脚掌柔和地向前滚动。

（五）高抬腿走

抬腿时髋膝放松，快举轻放，上体正直。

（六）后踢步

后踢腿膝放松，动作要快，上体正直。

（七）蹲着走

双腿全蹲，步幅要小，重心前移时不要站起。

（八）协同走

注意力集中，协同一致，善于调节个人的步幅、步频。

（九）弹簧步

腿前摆绷脚面，支撑腿提踵，上体正直，脚尖先着地然后柔和地过渡到全掌，膝部随之做弹性屈伸；同时，支撑腿前摆伸出，上体保持正直，眼向前看，两臂自然摆动。

（十）后退走

步幅小，上体正直，注意依靠肌肉感觉控制走步方向。

（十一）变化手臂动作的走

上下肢动作要协调，节奏和谐，造型要优美。教师要根据幼儿能力和教育目标设计上肢动作。

（十二）拍响走

击响要有节奏，声音要清脆响亮。

（十三）击响走

用力快速，动作幅度要小，节奏鲜明。（有器械）

（十四）持物走

各种持物走均有其用力特点，但都应注意便于用力、省力和保持身体平衡。推拉、背物走时上体要前倾，单手提物和单肩扛物时，上体应向一侧倾斜。

三、指导要点

1.为幼儿提供一个安全的环境，在幼儿学习和练习走步的过程中加强安全保护。

2.鼓励幼儿大胆实践，不要怕摔跤。

3.利用各种条件，帮助幼儿学会独立行走。如利用墙、低矮的桌子边缘等让幼儿练习扶着物体行走；成人牵着幼儿的手帮助幼儿练习迈步；把家具按照一定的间隔隔开，让幼儿练习独立地行走几步等。

4. 对三岁以上的幼儿应重视培养走步动作的正确姿势。

跑的动作

儿童最初的跑只是速度稍快地走，之后逐渐学会正确的跑姿，如两臂屈肘在身体两侧摆动，控制自己走和跑交替进行等。

一、动作发展价值

跑的能力发展，增强肌肉力量，提高速度、灵活性、协调性和平衡性；提高呼吸及心血管功能；促进时间和空间感知能力，培养幼儿积极拼搏、勇于向上精神。

二、动作基本要求

根据动作形式不同，可以将跑分为：直线跑、圆圈跑、往返跑、后踢小腿跑、接力赛跑、弯腰半蹲跑、持物跑、后退跑还有协同跑（老鹰捉小鸡）、模仿跑。

（一）直线跑

向后蹬地要有力，向前摆腿方向正，幅度大，髋膝放松，落地轻柔，两臂屈肘前后自然摆动，躯干正直稍前倾，抬头，眼向前看，呼吸自然，注意力应集中在调节动作上。

（二）圆圈跑

整个身体向内倾斜，不要歪着上身跑，脚要贴近圆圈里线。

（三）往返跑

在到达转弯处前 2～3 步时步子要大，上体直或稍后仰，后退蹬力稍小。最后一步向转身方向内扣，然后转体，重心移至转身后的前脚，继续跑动。

（四）后踢小腿跑

跑时有意后踢小腿，前摆幅度小，膝部放松，步幅小、步频高，前脚掌先着地。

（五）接力赛跑

1. 持物和传递物时一要不易脱掉，二要便于传接。

2. 迎面接力时传接人应用同侧手传接，同方向接力赛跑时应用异侧手；如用左手接物，则在接物后要换右手持物；传接人传接时跑动方向要错开，以免碰撞。

3. 传接时要把注意力集中在传接动作上。

（六）弯腰半蹲跑

两腿半蹲，步幅小、步频高，上体前倾。

（七）持物跑

持物方法便于用力，全身承受负荷，注意保持平衡，单手提物或单肩扛物时，上体应向一侧倾斜，背物时上体应向前倾斜，持物跑时步幅要小，步频要高，重心起伏要小。

（八）后退跑

腿后摆方向要正，脚尖先着地，上体正直，靠本体感和眼看前方固定目标，控制后退方向。

三、指导要点

1.在安排和组织幼儿跑步活动时，应根据幼儿的身体状况、年龄特点以及季节气候等因素，选择适宜的跑步类型，安排合理的活动量。

2.幼儿跑步动作教学的重点是腿的动作，应该要求幼儿跑步时"步子大些，落地轻些"，这不仅有利于幼儿跑步能力的发展，而且有利于幼儿身体的健康。

3.幼儿在跑步前应做好充分的热身准备，尤其需要活动一下腿部的关节、韧带和肌肉，以防受伤。

4.要注意对幼儿快跑活动的时间和强度进行控制，不要让幼儿过于疲劳或进入到无氧代谢状态；在幼儿快跑活动后，应安排一些活动量较小的游戏活动或做一些放松、整理的动作，以利于幼儿心率的恢复与心脏的健康。

5.在幼儿进行四散跑、追逐跑、竞赛跑的游戏活动时，要随时提醒并教会幼儿及时躲闪，不要相互碰撞，这样既能保证幼儿运动时的安全，又能有意识地发展幼儿动作的灵敏性。

6.在幼儿跑步过程中，指导并教会幼儿使用鼻子呼吸或用鼻子吸气、用嘴巴呼气的方法，逐渐使呼吸自然而有节奏。

跳的动作

跳是幼儿基本动作技能中重要的一环，它包括单脚跳、双脚跳等多种形式。通过跳跃，幼儿能够锻炼腿部肌肉和关节，提高身体协调性。

一、动作发展价值

跳跃能力的发展，增强腿部力量，发展弹跳力和灵活性；促进视觉能力、宣泄不良情绪、表达愉悦情绪。

二、动作基本要求

根据动作形式不同，可以将跳分为：原地双脚向上跳、立定跳远、双脚连续向前跳（兔跳）、两脚连续向侧跳、跨跳过水平或垂直障碍（助跑跨跳）、助跑跳远、单脚连续向前跳、连续蹲撑跳、连续跪撑跳、跳绳、夹包跳、协同跳。

另外，还有跳山羊、跪跳进、跪跳下等。

（一）原地双脚向上跳

预备：腿稍屈，臂后摆，上体稍前倾。

起跳：臂上摆，腿蹬直。

落地：前脚掌先着地，屈腿，上体稍前倾。注意力集中于动作，并随动作变而变。

（二）立定跳远

预备：腿稍屈，臂后摆，上体稍前倾，可弹动一次。

起跳：腿蹬直，臂向前上摆，展体，使身体向前上方跳出。

落地：屈腿全蹲。

（三）双脚连续向前跳（兔跳）

预备：腿稍屈，臂垂于腿前。

起跳：蹬腿，臂向前上方摆，使身体向前跳出。

落地：前脚掌先着地，稍屈腿。动作轻，臂自然下放，动作不停顿继续向前跳。注意身体平衡和动作节奏。

（四）两脚连续向侧跳

起跳时蹬腿、摆臂、展体均同"向上跳"，但用力方向则向侧面。如：原地左右侧跳时，则在跳起后，靠侧摆髋和腿使两脚向两侧连续移动。

（五）跨跳过水平或垂直障碍（助跑跨跳）

预备：助跑距离约 4～5 步，中等速度跑，不减速，不倒步。

起跳：蹬腿要快速、有力、充分，摆腿方向正，幅度大。

落地：轻柔并继续向前几步，不要有停顿。

（六）助跑跳远

助跑、起跳同"跨跳"，腾空跳起后，收起起跳腿，快落地时，两小腿前摆；落地时双腿自然落地，迅速屈腿全蹲，上体前屈。不要用力向下放脚，落地后手不要扶撑地面。

（七）单脚连续向前跳

起跳：起跳基本同跨跳，但蹬摆幅度小，起跳角度大；腾空后，起跳腿迅速收起前摆，摆动腿自然放下。

落地：稍屈腿，上体向落后腿一侧屈，以保持平衡，要不停顿地继续前跳；摆动腿要自然放松前后摆动；动作要连贯，有节奏。

（八）连续蹲撑跳

蹬腿、收腹、屈腿，使双脚落于两手之间，成蹲撑，然后双手前移成俯撑，继续跳进。

（九）连续跪撑跳

跪立，双手撑于两膝侧，双手前移，蹬腿，身体重心前移，使身体跳起，然后收腹屈腿使双膝落于两手间，腿落地要轻。

（十）跳绳

握绳要松，摇动时手腕要活，摇绳与跳起要协调。跳跃时要多用脚掌和脚腕力量，腰要直，肩要放松，眼向前看。

（十一）夹包跳

要用脚拇指内侧夹包的一角，用蹬腿、摆臂、提腰力量跳起；快速屈腿，甩脚腕将包甩出；落地要屈腿，动作要轻。

（十二）协同跳

注意力集中，动作节奏、速度和幅度要相同。

三、指导要点

1.为学前儿童提供适宜的活动场地。跳跃的练习，应尽可能在较柔软的地面上进行，如泥土地、泥沙地、草坪或地毯等，尽量避免在坚硬的地面上进行，尤其是不要在高低不平的砖地上做跳跃活动。如果必须在水泥地上进行跳跃练习时，一定要提醒幼儿落地运动要轻，教会幼儿轻轻落地的动作，以保证幼儿身体的健康发育。

2.根据不同种类动作的需要，给予相应的指导。跳跃活动的种类很丰富，教师在进行指导时一定要根据不同种类跳跃动作的需要，给予相应的指导。例如，在指导幼儿进行双脚连续向前跑（学小兔子跳）时，重点应放在轻轻落地的动作教学和要求上；在指导幼儿进行立定跳远时，强调的重点应该放在摆臂与蹬地动作方面，即要求幼儿摆臂要协调而有力，蹬地时要快而有力；在指导幼儿进行侧跳练习时，要点则应放在教会幼儿如何在跳跃的过程中变换身体的方向，以利于一个动作的需要。

第三节　攀登、钻爬动作发展

攀登动作

攀登，几乎是所有孩子在幼儿阶段都十分喜欢的运动方式。

一、动作发展价值

攀登的过程是孩子全面发展的过程，需要他们调动全身的各个部分协调运作，需要手、脚、眼等身体各个部分的配合来完成。攀登可以提高孩子的身体协调性，使他们的身体更灵活，反应更敏捷。

二、动作基本要求

攀登要点：两手先握住横木（扣握）或一格横木（或支撑物），然后两脚向后登上同一格的横木（或支撑物），再重复此动作，进行下一节的攀登。还可以两手握扣，两脚交替向上攀登。握住横木时，大拇指与其他四指分开。攀登时先移手，后移脚，下来时先移脚，后移动手。

（一）上下台阶

功能：增强腿部肌肉力量；发展平衡能力、协调能力及耐力素质。

要点：两脚先后踏上同一台阶，熟练后，两脚交替踏上不同台阶进行攀登。

（二）攀登各种攀登设备

功能：增强四肢肌肉的力量；发展动作的协调性和灵敏性。

要点：两手两脚（同侧或异侧）交替向上攀登；攀登时先移手后移脚；下时先移脚，后移手。

（三）在攀登设备上做钻、爬、移位等动作

功能：发展动作的灵敏性、协调性和平衡能力。

要点：两手两脚（同侧或异侧）交替向上攀登；钻、爬的同时注意观察身体位置及动作的协调性。

（四）攀登滑梯的斜坡

功能：增强四肢及躯干的肌肉力量和肌肉的耐力；发展动作的灵敏性，以及协调能力。

要点：两手两脚交替向上攀登；攀登时先移手，后移脚，大拇指与其他四指分开握住滑梯。

三、指导要点

1. 顺应幼儿动作发展，由低到高进行攀登动作练习，培养幼儿的攀爬能力。

2. 教会幼儿正确地握横木动作，加强保护与帮助，确保安全。

3. 组织幼儿有序地练习攀登，学会避让，提高自我保护能力。

4. 注意培养幼儿勇敢精神和自信心。

钻爬动作

钻爬活动是幼儿喜爱的一种体育活动，钻爬能力也是幼儿日常生活中较实用的一种身体技能。

一、动作发展价值

钻爬作为幼儿体育运动中的重要组成部分，不仅有助于锻炼其身体力量、协调性与平衡感，更能在挑战性游戏中激发其探索精神，培养勇敢坚忍的性格品质。

二、动作基本要求

（一）钻要点

正面钻时身体面向障碍物，屈膝、弯腰、低头，一只脚支撑，另外一脚和头先钻过障碍物。侧面钻时身体侧对障碍物，一条腿先通过障碍物，再通过头和躯体，最后通过另外一条腿。注意低头、屈腿、重心前移时要连贯。

1. 正面钻

功能：发展平衡能力、柔韧性，增强腿部的肌肉力量。

要点：身体面对障碍物，屈膝下蹲，低头弯腰，紧缩身体，慢慢移动双脚。

2. 侧面钻

功能：发展动作的灵敏性和协调性。

要点：侧对障碍物，离障碍物远的腿蹲，离障碍物近的腿向障碍物下方伸出，低头弯腰，蹬后腿，屈前腿，前移重心，同时转体钻过障碍物。

（二）爬要点

爬的动作强调上肢与下肢之间各关节的互相协调配合。要求手膝着地，头稍抬起，眼向前看，左（右）手和右（左）膝协调配合用力向前爬行。重点在四肢的协调配合。遇到中等或较大的障碍，如果中间或下方有较大空隙时可以使用钻爬动作。

1. 手膝爬

功能：发展幼儿四肢协调能力和肩部力量。

要点：手膝着地，头稍抬起，依靠跪撑腿蹬伸和异侧或同侧臂后推力量推动身体前进。

2. 手脚爬

功能：发展幼儿四肢协调能力和肩部力量。

要点：四肢着地，膝盖悬空，主要依靠蹬伸腿和异侧臂后推力量推动身体前进。爬时仰头向前看。

3. 俯卧匍匐爬

功能：发展幼儿四肢协调能力。

要点：全身俯卧，屈肘，爬行时左臂前伸，五指张开全掌按地，爬行时，胸和腹部稍微离开地面时右脚前蹬伸直，左（右）手和右（左）膝配合向前爬行。

4. 侧卧匍匐爬

功能：发展幼儿同侧手脚的协调能力。

要点：上体右侧卧倒，手臂屈肘前伸向前爬，右腿屈膝蹬地向前爬，右腿配合手臂前伸屈膝向前爬。

5. 坐爬

功能：发展幼儿腰腹部核心力量及协调能力。

要点：先成坐姿，爬行时双臂撑地，臀部提起，前移至脚跟。然后双脚和双手前移，连续向前爬行。向后爬行动作方向相反。

6. 横向爬行

功能：发展幼儿同侧手脚协调能力，为后期同侧位移动作学习奠定基础。

要点：两脚开立，两膝跪地，上体下伏，掌心向下横向爬行，蹬脚提臀使两膝离地做分腿支撑，左手右脚为支撑左手右脚向左移一步。

三、指导要点

1. 选择钻爬项目时，交往是由易到难。由于钻、爬时四脚和躯干肌肉负荷较大，对于发展力量和灵活性很有利，但在教学活动中适宜与奔跑、跳跃等运动方式和游戏形式相结合起来。这样，既可以调节运动负荷，避免局部疲劳，又可以提高活动的趣味性。

2. 在指导孩子时，一方面要注意安全保护，另一方面也要注意通过小伙伴或者父母的示范、语言提示和情感激励的方式增强幼儿（特别是身心发展较迟缓的幼儿）的信心和勇气。

3. 指导孩子活动时，注意观察周围的情况和保持一定的自我控制，避免受到伤害或伤害他人，如在钻爬过程中，要看是否有其他幼儿的头或手正好处在自己准备踩踏的位置上等。

微信扫码

● AI 教学助手
● 内容图谱
● 知识图卡
● 保育笔记

第四节　投掷动作发展

投掷是日常生活中很实用的技能，也是儿童时期必须掌握的基本动作之一，属于非周期性动作。

一、动作发展价值

发展幼儿投掷，能够增强上肢、腰腹的肌肉力量，提高身体各关节的柔韧性、灵活性，发展幼儿的目测力、判断力，同时能帮助幼儿宣泄情绪。

二、动作基本要求

根据动作形式不同，可以将投掷分为：双手腹前投掷、双手头上投掷、双手胸前投掷、单手肩上投掷（侧向投、正向投）、单手低手投掷。

（一）双手腹前投掷

双手持物于腹前，两腿稍屈，蹬腿展体，快速挥臂，将物体向前上方投出。

（二）双手头上投掷

双手持物在头后，两脚开立与肩同宽，两腿稍屈，蹬腿，收腹挥臂，将物向前上投出。

（三）双手胸前投掷

双手持物于胸前，两肘下垂，五指自然分开稍屈，手腕后仰；蹬腿、展体，快速伸臂，将球向前（或向上）推出，注意手腕用力。注意力应集中在全身协调用力上。

（四）单手肩上投掷

侧面投时两脚前后开立，上体侧转，投掷臂后引，眼看前方；蹬腿、转体，从肩上快速挥臂，在头前上方把物体投出，投掷时注意力集中在做好动作上。

正面投掷时面向前站立，两脚前后开立，肘抬起，挥臂投。

（五）单手低手投掷

两脚前后开立，后腿稍屈，投掷臂后引，蹬腿、转体，快速向前挥臂，在膝前将物体投出。

三、指导要点

1. 在投掷的活动中，应尽可能让幼儿左手和右手都有机会参与练习，这样有利于促进幼儿身体两侧的协调发展。

2. 在掷准的练习中，幼儿掷准的距离应由近到远，掷准的目标应由大到小、由静到动，并让幼儿练习多种形式的掷准活动，丰富活动的内容，逐渐发展幼儿的掷准能力。

3.为了提高和保持幼儿参与投掷活动的积极性，应经常变化投掷物和投掷目标（即靶）。投掷的选择要适合于幼儿，注意其重量大小以及安全性。

第三章
运动健康活动案例

第一节　体育活动案例

走走走

视频二维码

▶ **案例背景**

幼儿园阶段基本动作发展可以培养儿童正确的身体姿势、卫生习惯、人际关系、睡眠、合作等健康行为。"走走走"体育游戏可以让孩子在游戏中完成走的基本动作，运用各种器械组合，增加活动的趣味性，激发幼儿对体育游戏活动的兴趣，促进幼儿以体能为主的各方面发展。

▶ **案例描述**

每日餐后我们都会进行散步，常常都会玩"动物怎么走"的游戏，有一天琪琪跟我说："老师，咱们换种方法吧！我会很多其他的走路方法。"

老师："那换哪种方法呢？"

贝贝："我觉得可以扭着走路，就是两个脚叉着走。"

依依："还可以倒着走！"

伴随着孩子们的奇思妙想，"走走走"活动就诞生了。

幼儿尝试：

在室外活动时，孩子们在玩室外积木搭建，琪琪拿了几块积木，搭成一个小平衡木，并且在上面走。其他几个孩子看到后也很感兴趣。这时候，老师说："我们只能在平衡木上面走吗？走的方向可以改变吗？"老师的话引起了孩子们新的兴趣。于是，他们又聚在一起讨论起来，但是户外时间很快就结束了。

游戏分享时间，琪琪和几个伙伴分享了自己搭平衡木在上面走的游戏，孩子们很感兴趣，都在说自己的想法。老师就此展开谈话："你们有新的想法吗？可以举手说一下。"

乐乐："我觉得可以在平衡木上倒着走。"

贝贝："我觉得可以把脚叉着走。"

花花："我觉得不一定非要在平衡木上走，也可以在路上上上下下地走。"

随着话题的深入，我发现孩子们对于"走"的兴趣越来越大，大家决定在下次一起试试。

第二天的室外活动，孩子们刚一去积木区就开始了自己的搭建，几个孩子自发形成一组，尝试着各种走。琪琪等几个人，经过了上一次的搭建经验，进行了正向走、倒走、弯道走、上下走等，其间他们的创意层出不穷，氛围欢声笑语。

回到教室，孩子们都分享了自己的游戏，并且意犹未尽。在随后的扩展里，我们又进行了"正确的走路姿势""哪里走才安全"等课程。

▶ **行为分析**

1.身体发展：运用各种器械的创意组合，不断增加游戏难度，使幼儿熟练走的基本动作；改进走步动作与姿态，发展幼儿方位知觉、速度知觉，增强幼儿走路的节奏感。

2.社交情感：参与游戏，体会合作的乐趣；同时游戏使幼儿获得迎着困难上才会得到成功的喜悦。

3.认知发展：学会搭建不同地形，了解搭建的物理结构，并且懂得多种走路方法，能独立想出新的走步方法。

▶ **支持策略**

1.材料。大班的幼儿对走的动作已经很熟练，所以本次活动将重点放在了对幼儿的步幅、速度、姿态控制上。活动过程中提供了适合幼儿的游戏材料。室外搭建区的积木大，孩子们可以在上面变换各种行走方式，同时保证了数量上的充足。当孩子们在寻找新的游戏材料，教师应管住嘴和手，默默观察幼儿，不应该主动发表建议，要相信孩子们的创造潜能。

2.环境。根据本活动需要器材体积大、数量多的特点，教师选择了室外搭建区，相较室内活动区域，孩子们的空间更大，环境更加舒适；活动过程中教师应该放手，给予幼儿宽松、自由、愉悦的环境。

（石家庄市桥西区第三幼儿园　刘焕焕）

奔跑的乐趣

视频二维码

▶ **案例背景**

　　小班孩子非常喜欢奔跑，不管是在游戏中还是在其他活动中，经常能看到孩子们互相追逐奔跑，乐此不疲。为了满足幼儿的兴趣，教师鼓励幼儿探索不同的玩法，让他们尽情地在奔跑中寻找乐趣。

▶ **案例描述**

　　"哈哈哈，我要抓到你。""你抓不到我的，快来呀！"体育活动时，以橙橙为首的几位小朋友玩起了抓怪兽的追逐游戏。他们的嬉闹声吸引了其他的小朋友，越来越多的小朋友加入进来。于是，老师赶来引导："我看到你们更喜欢奔跑，那今天的体育活动就改成跑吧。"

　　接下来，小朋友们一起清空了场地，开始了他们的"战斗"。

　　橙橙他们组继续着"抓怪兽"的体育游戏，两个小朋友作为战士，要抓住跑得很快的"怪兽"——橙橙。一开始，橙橙是沿着一个方向绕圈跑的，眼看就要被追上了，橙橙改变了方向，向更远处跑去了……"我们可以用这个做炸弹。"森森拿着一个圆球状体育器械对着队友说。

森森组延续着老师的规则开始了赛跑游戏。几个好朋友站成一排，准备出发。只听森森大喊一声"跑"，几个小朋友纷纷跑了起来。"快回来，快回来，到这里就该拐弯了。"森森边跑边喊叫着。小凝搬来两个万能点放到了那里，说："这样不就好了吗？我们跑到这里就拐弯。"

"我同意。"森森说。

第二轮比赛开始了，这一次森森边跑边说"跑"……毫无意外，森森得了第一名。小凝对森森说："总是你喊跑，该我了吗？"这一次所有的小朋友都想站得离终点更近一点儿，一直往前挪，小凝还没喊"开始"，小朋友们都跑起来了。时间到了，孩子们还意犹未尽。老师根据观察生成了下一次体育活动的内容。

▶ **行为分析**

1. 奔跑游戏是一种简单而又有趣的体育游戏，适合小班幼儿，而且奔跑游戏对幼儿的身体发展具有积极的影响。首先，幼儿通过反复奔跑，锻炼了他们的腿部和臂部肌肉，促进身体的发育；其次，在奔跑的过程中，幼儿的心率加快，呼吸变得急促，这使得心肺系统得到锻炼。

2. 在一群幼儿中，总有那么几个很有号召力。橙橙和森森在活动中作为游戏的带头人，小伙伴们也愿意与其交流、玩耍，说明橙橙和森森有一定的组织能力。在游戏时，小凝会提出自己的意见，说明小凝有自己的想法和主见。

3.孩子们将一开始并不感兴趣的体育材料运用到了游戏中，说明并不是材料不适合幼儿，而是活动内容让孩子们不感兴趣。只要贴合幼儿兴趣，每个孩子都能乐在其中。

▶ 支持策略

1.跑有直线跑、变向跑、往返跑、障碍跑、持物跑、协同跑、追逐跑、原地跑、后退跑、慢跑、冲刺跑、变速跑等十多种形式，鼓励幼儿将这些跑步形式排列变换、穿插组合，尝试多种玩法，使其身体素质得到全面发展。

2.帮助幼儿通过多种方式了解赛跑的游戏规则和玩法，并引导幼儿将其运用到游戏中。让幼儿成为游戏真正的主人，锻炼同伴间的合作能力、交往能力等。

3.在后续活动中，教师还可以充分利用家长资源拓宽游戏玩法，如引导家长带幼儿一起玩不同形式的奔跑类游戏，既可以拉近亲子关系，又可以丰富幼儿的活动内容。

（石家庄市桥西区第三幼儿园　杨颖）

青蛙过河

▶ **案例背景**

班级分享趣味游戏时，一名幼儿分享了体育游戏——"小兔跳"。在进行简单的尝试后，孩子们纷纷表示："模仿小兔子双脚跳竟然可以这样好玩！"这引发了大家的好奇心和兴趣。教师顺应幼儿的兴趣，挖掘双脚跳游戏的教育价值，锻炼幼儿的双脚并齐跳的能力，鼓励幼儿创造属于自己的双脚跳游戏。

▶ **案例描述**

户外活动时，小钊和几个好朋友在户外的活动场地上双脚从一个起点并齐蹦来蹦去，商量着跳到对面的一条线上。小钊说："轩轩，我在像小青蛙一样过河呢。以前我在公园里就和妈妈一起玩的，可好玩了，你和我一起'过河'吗？"

"太好了，我也玩。"轩轩说。

"我来教你。"小钊说。

在小钊的"指挥"下，两个小伙伴便开始双脚并齐，开始向平整的方块里跳。小钊双脚并齐，双腿夹紧，两臂前后一悠，跳一下，从一个方块跳到了斜对角的方块里，轩轩跳一下，可以从一个方块跳到另一个方块。小钊一看轩轩能很快地掌握，就改变了跳的方法，从第一个方格跳到第三个方块里，中间的方格不跳，小钊说："你看，我们的河变宽了。你能跳过来吗？"

轩轩看了片刻，也尝试了一次，双脚并齐，两臂一悠，也跳过去了，高兴地说："你看，我成功了。"小钊找来一根绳子，挂在两把椅子的两端，一下子绳子就拉起来了，这次还是小钊跳一下，轩轩跳一下，整个过程都是小钊边说边跳边教，轩轩自始至终都没发表意见。跳过一段后，小钊再次调整了绳子的高度，这次他们换了一种方法，相比之前的简单，跳过去之后，双手可以扶地，轩轩很快就学会了。小钊又提出多找两个伙伴一起玩，于是他们找来了晨晨。晨晨说："我不会。""我教你跳。"接着就是小钊和晨晨一起跳过绳子。

一直在他们周围转来转去的明明被小钊邀请过来，参与他们的游戏，将绳子变成三角形，围着三角形里外跳了一圈之后，又拿来了大沙包，把方格、绳子和沙包不规则地进行摆放，然后大家扮演小青蛙，先跳过平地的方格，然后跑到绳子的面前，双脚并齐跳过绳子，跑到沙包面前，夹着沙包，跑到指定地点，拿到一个物品就返回来。玩了两次之后，小钊又提议分成两队，看哪个队拿的物品多。

▶ **行为分析**

1. 双脚并齐跳作为一种跳跃的动作，具有简单、锻炼腿部力量的特点，通过双臂的摆动，能有效促进孩子跳跃能力的发展。今天跳的活动增强了孩子腿部力量，提高了他们的弹跳力和平衡能力。在活动中，孩子们掌握了平地近距离跳，往高处跳、往远处跳等腿部锻炼方法。

2. 在一群孩子中，总有那么几个孩子很有号召力。小钊在活动中自始至终带领同伴游戏，小伙伴们也乐意同他交谈、玩耍，说明小钊有一定的组织能力。相比之下，轩轩在活动中显得较被动。

3. 活动中，小钊能调整一成不变的玩法，通过几次变化让每个小朋友都参与其中，让每个小伙伴都体验游戏的快乐。

▶ **支持策略**

1.将游戏的主动权还给孩子，让幼儿成为游戏真正的主人，简单多变的方格、绳子、沙包成为幼儿自主探索的材料，发展幼儿身体协调能力的同时，锻炼同伴合作能力、交往能力等。

2.在后续活动中，教师还可以充分利用家长资源拓宽游戏玩法，如引导家长向幼儿传授自己双脚跳的经验，既可以拉近亲子关系，又可以丰富幼儿的活动内容。

（石家庄市桥西区第三幼儿园 杨茜）

微信扫码
AI 教学助手
内容图谱
知识图卡
保育笔记

攀爬小勇士

视频二维码

▶ **案例背景**

《3～6岁儿童学习与发展指南》(以下简称《指南》)中指出：发展幼儿动作的协调性和灵活性，鼓励幼儿进行跑跳、钻爬、攀登、投掷、拍球等活动。幼儿的攀爬活动不仅能促进自身肢体协调发展以及上肢、下肢力量，还能增强幼儿的平衡性，培养幼儿勇敢、沉着、顽强、谨慎的心理素质和不惧困难的自信心。攀爬网作为自主游戏区域，一直深受小朋友们的喜爱，在攀爬网上随处可见小朋友们矫健的身影。

▶ **案例描述**

为了满足孩子们对攀爬网的期待，自主游戏时幼儿来到大型器械场地进行攀爬游戏。幼儿自发探索怎样攀爬，孩子们兴致盎然，用了走楼梯、拉绳索的方式上去后，却被眼前的攀爬网难住了。

一航说："我想爬上去，但是我有点害怕。"佳一急忙说："快看呀，攀爬网有好多网洞。"泽轩紧接着说："不要怕，我们一起。"

　　慕瑾在活动中大胆攀爬，身姿矫健，动作熟练。孩子们慢慢地找到了窍门，用双手紧紧抓住上面的网子，然后脚踩在网结节处向上爬。很快，孩子们都能够适应整个运动过程。

　　中场休息时，老师把孩子们游戏过程中发生的一些问题提出来，由此展开一场热烈的讨论。十一说："攀爬网上有很多洞，我的脚被套住了。"佳豪说："没有保护的东西，万一掉下去怎么办？"孩子们制定规则解决问题：攀爬时要踩在固定绳子的黑色小圆圈上。不能躺着爬，也不能在网子的一侧爬，更不能在攀爬网的边上站着，否则会掉下去的。

　　这几位小朋友的攀爬游戏，引来了很多小朋友的关注，大家都想试试攀爬游戏。还将攀爬网升级成了攀爬绳。

帅帅说："攀爬绳能爬上去吗？"一航说："我不敢，这太高了。但是我想试一试。"慕瑾说："我来试试吧。"泽轩说："我也想爬上去。"帅帅说："咱们一起吧。"佳一说："用一只手抓不住，爬一半会掉下来。"帅帅说："滑下来的时候会不小心摔着屁股。"艺腾说："往中间爬，腿跪在攀爬架上，就爬不动了。"

孩子们想出办法解决问题。泽轩说："用两只小手抓住绳子，尝试身体向后仰，然后把绳子拉直。"奕欣说："手交替拉着绳子，脚一步一步交替往上蹬，在斜坡上手脚交替协调配合往上走。"帅帅说："我们可以在攀爬架下面放垫子，保护大家的安全，就不会摔屁股了。"

孩子们在经过多次尝试、体验攀爬网区域后，运用教师投放的多种游戏材料，想出了许多不一样的玩法。

佳豪说："可以摇啊摇，当作摇床玩。"帅帅说："我们可以小组比赛，看谁爬得快。"佳一说："我可以套圈带东西爬。"慕瑾说："我可以送快递。"

🔺 行为分析

1. 由于孩子们的个体差异，有的孩子在初次攀爬后能迅速爬上顶端，有的孩子在攀爬时产生害怕的消极情绪。帅帅能够主动地提出要拉着一航的手继续往上爬，能够看到孩子们在活动中乐于助人的情感态度。孩子们通过本次活动，大都能够学会克服内心的恐惧，体验到了攀爬的乐趣。

2. 通过攀爬网的活动，提高了幼儿攀登的能力，初步培养幼儿克服困难的意识。幼儿对攀爬网很感兴趣，从幼儿动作的熟练程度上可以看出大肌肉能力发展很好，手脚眼的协调能力较强，具有了初步的竞争意识。

3. 孩子们在游戏的过程中用新的游戏材料丰富游戏并提出了新的玩法。幼儿的上肢力量和想象以及创新意识在游戏过程中不断发展。

4. 在游戏中后期，孩子们喜欢加入一些情节，进行自主分配角色，使游戏不断向更高水平发展。借助游戏情节，孩子们开始有了丰富的交流。

▶ **支持策略**

1. 在游戏前，结合图片、视频与幼儿提前讨论游戏中的安全，树立安全防范意识，适时抛出一到两个具象问题，促成讨论的有效性。

2. 游戏时，教师要合理地分工站位，确保能关注到班级中所有幼儿，让观察与指导同步进行。教师时刻关注幼儿游戏进展及安全，不刻意鼓励幼儿挑战，尊重幼儿个体发展水平差异，避免幼儿被迫的勇敢造成的恐惧或莽撞。

3. 游戏后，组织指导幼儿有序地收纳器械材料，清点幼儿人数，观察幼儿活动后的精神状态等，保证幼儿安全。

（石家庄市桥西区第三幼儿园　张雅鑫）

玩转彩虹伞

▶ 案例背景

"王老师，今天我们玩彩虹伞，好吗？""好啊。"在户外活动的时候，每次把彩虹伞请出来，小朋友们都会大声地尖叫，他们非常喜欢彩虹伞。教师利用彩虹伞的颜色、形状等特点，开展体育活动，与幼儿一起探索多种玩法。设计钻爬的游戏，锻炼幼儿的身体协调能力、身体灵活度。培养幼儿视觉空间感，锻炼触觉、前庭觉，提高幼儿对游戏的热爱。

▶ 案例描述

又到了和彩虹伞做游戏的时间了，小朋友们围成一圈，双手抓住彩虹伞的边缘，时而快、时而慢地抖动着，玩着炒豆豆的游戏。

红红说："我刚才看到彩虹伞飞起来的时候，下面空出了一大块地方呢，像个小房子。"

萱萱说："那我们可以钻进去玩啊。"

"好啊，好啊。"小朋友们都同意这个新的游戏。

红红说："那我们都钻进去了，谁来抖动彩虹伞呢？"

琳琳说："小女孩先钻到彩虹伞里玩儿，小男孩抖动彩虹伞；再换小男孩钻到彩虹伞里玩儿，小女孩抖动彩虹伞。这样好吗。"

在反复玩了几次游戏以后，帅帅说："我们换一个姿势来钻彩虹伞吧。可以像我这样用手和膝盖支撑身体，像个大猩猩一样。然后，先抬起左边的手和脚，往前伸；再抬起右边的手和脚，往前伸。这样，就可以钻爬到彩虹伞的那一边了。大家试试吧。"

小朋友们分组，练习这个钻的动作，有的小朋友动作不协调，差一点摔倒。撑着彩虹伞的帅帅说："小朋友们要把头抬起来，看着前面，就不容易摔倒了。"果然，其他小朋友听了帅帅的话，都顺利地钻爬到了彩虹伞的另一边。

▶ 行为分析

1.通过钻的活动，增强幼儿腿部和腰背部肌肉力量。幼儿的身体素质得到提升，包括身体动作的灵敏性、柔韧性和平衡能力。钻的活动通过头部左右摇晃的方式进行，能刺激脑部神经系统，增强免疫力，同时锻炼大脑神经细胞。

2.本次游戏中，帅帅提出的游戏玩法，是他想到了平时在垫子上的四点支撑钻。利用彩虹伞的颜色特点，小朋友们钻到里面，又可以感受到不一样的乐趣。

3.帅帅作为游戏的参与者、设计者，还可以发现其他小朋友在游戏过程中动作上的不协调，及时地提醒、纠正，使游戏顺利进行下去。

▶ **支持策略**

1.钻是幼儿一个非常有益于他们身体发展的活动，有助于增强幼儿的肌肉力量、协调性和灵活性。有平躺姿势钻、四点支撑钻、爬行钻、臂行钻等。幼儿钻的活动需要用到大部分的肌肉群，特别是手臂、腿部和核心肌肉。通过反复地钻爬动作，幼儿的肌肉力量和耐力可以得到有效锻炼和提升。

2.幼儿钻行动在促进身体发育、提高敏捷性和协调能力，以及促进智力发展等方面起到了重要作用。因此，教师应该鼓励幼儿进行钻行动，并在适当的情况下提供安全的环境和指导，以帮助幼儿获得这些重要的发展机会。通过钻行动的锻炼，幼儿将能够更好地应对日常生活中的各种运动挑战，也为身体和智力发展打下了坚实的基础。

（石家庄市桥西区第三幼儿园 王红波）

小小神射手

视频二维码

▶ **案例背景**

    在幼儿园日常活动中，幼儿会积极地参与到各种游戏活动中，投入自己的精力和热情，并在游戏中释放自己的天性。近期，幼儿在自主游戏中对小小的沙包产生了浓厚的兴趣，尝试用沙包来完成各种游戏，充满了热情。教师顺应幼儿的兴趣，鼓励幼儿创造属于自己的沙包游戏。

▶ **案例描述**

    户外活动时，子成来到了运动区，进行"抛接沙包"的游戏，汐汐兴奋地拿着沙包来到了子成的身边，说："我们一起来玩接沙包的游戏吧，谁能抛得高，还能接住，谁就是冠军！怎么样？"子成听完跃跃欲试地说："好呀！那就看看谁是最厉害的吧！我一定要接住比房子还高的沙包。"

    于是，他们站在一起，汐汐说："那我们石头剪刀布，谁赢了谁先开始扔沙包接沙包。"三轮石头剪刀布之后，汐汐率先开始了抛接沙包的游戏。只见汐汐伸出双手紧紧地抓住一个沙包，用力地挥动双臂之后将沙包向上抛去，接着眼睛时刻紧盯沙包，在沙包即将落在地上的时候双手举起接住沙包，可是在举起双手的时候，沙包擦过汐汐的双手落在了地上，汐汐有点灰心地低下了头，说道："我没接到。"子成立刻说道："没关系，你可以再试一次，这次你抛得矮一点儿。"汐汐小心翼翼地再次抛起沙包，这一次她的力气小了很多，沙包只扔到了半空，汐汐紧紧地盯着沙包，跳起来伸出双手，成功地接住了沙包！汐汐开心地大喊："我接到了！我接到了！"

轮到子成了，只见他双手拿着一个沙包，双腿微微屈膝，用力地向上抛起沙包，沙包迅速地飞向空中，而子成的眼睛一眨不眨地紧盯着沙包，时刻关注着沙包的运动轨迹，准备在合适的时机接住它，随着沙包的下落，子成也在草地上不停地调整着自己的姿势和位置，接着伸出双臂，张开双手，眼睛紧盯着沙包，等沙包离地面越来越近的时候，子成快速地伸出双手接住了沙包。子成和汐汐都开心地跳着说："接到了！接到了！一次就接到了！"

▶ **行为分析**

1.沙包是一项民间传统游戏，是孩子们都喜欢玩的游戏，也是一项具有团结合作的活动。抛接沙包游戏需要幼儿准确地掌握抛接的力度与角度，以及能在合适的时候接住，这也需要幼儿有较好的反应能力和手眼协调能力。

2.幼儿能大胆地接受挑战，同时非常自信。汐汐在第一次尝试未能准确地接住沙包时，她感到了灰心沮丧，子成能在第一时间及时地给予安慰、鼓励，并再给汐汐一次机会，这是难能可贵的。

▶ **支持策略**

1.丰富游戏材料：提供不同重量、大小的沙包，满足幼儿多样化需求。添置标靶道具，如小呼啦圈、玩偶，开展抛接打靶游戏，激发探索欲。

2.优化游戏场地：户外设专属沙包游戏区，用彩色胶带划分远近不同的投掷区域，设置防护栏保障安全。室内也预留空间，铺上软垫，方便幼儿在特殊天气游戏。

3. 加强技能指导：组织教学活动，教师示范抛接动作，如抛时手臂发力、接时预判落点。开展小组练习，根据幼儿情况一对一指导，提升运动能力。

4. 强化激励评价：关注幼儿表现，及时表扬鼓励，如"这次抛接进步很大"。设立"神射手排行榜"，表现优异或进步明显的幼儿可上榜，增强参与积极性。

（石家庄市桥西区第三幼儿园　王晓涵）

手球游戏：投石大战

▶ **案例背景**

　　本园恶劣天气的室内运动充分融合了园所的手球特色。老师们结合手球指导要点，创设了一系列有针对性的手球游戏。投石大战就是基于手球对于投掷能力的要求而创设，有一串呼啦圈作为投掷目标，不同高度的呼啦圈匹配不同的分数。幼儿对于趣味手球游戏非常感兴趣。

▶ **案例描述**

　　雨天游戏开始了，每个队伍的小投掷手轮流站到投掷线后，柴柴第一个进行挑战，手持手球，全神贯注地盯着目标圈圈。柴柴的队友则在一旁紧张地注视着，扬扬对柴柴说："你等那个圈不转了就马上投出去。"但是呼啦圈一直在摇晃，柴柴紧握着手中的"石子"犹豫不决。

　　玥玥在一旁鼓励柴柴说："别紧张，相信自己，你可以的！"柴柴深吸一口气，调整了一下站姿，然后猛地向前一投，手球划出一道优美的弧线，准确地落进了目标圈中。

　　围在旁边的孩子们欢呼起来，柴柴也兴奋地跳了起来。这时，扬扬也跃跃欲试，说："看我的！"她拿起手球，用力一抛，但手球却偏离了目标。扬扬有些失落，但小伙伴并没有放弃，而是鼓励她，说："没关系，下次一定可以投中！"

扬扬在旁边观察了一下其他挑战成功的小朋友，准备再试一次。小伙伴们为她加油，她等着呼啦圈停止转动的一瞬间，手里的球抛了出去，成功命中中间呼啦圈。扬扬非常高兴！

▶ 行为分析

1.手球游戏通过趣味的游戏情境创设，涵盖走、跑、跳、投等多种基础运动技能，既能促进幼儿身体发育，锻炼孩子的反应能力和手眼协调能力，又能培养团队合作意识和竞争意识。本次的投石游戏，增强了孩子手臂力量，提高了他们的手眼协调以及投掷能力。

2.孩子们对投石游戏表现出极大的兴趣，积极参与，热情高涨。在投掷过程中，他们展现出不同的投掷技巧和策略，如调整投掷角度、力度。

3.扬扬在失败后不气馁，仔细观察，再次挑战，最终获得成功。他们学会了如何专注并坚持完成一项任务，即使在面对挑战时也不轻易放弃。面对困难，同伴之间还展现出良好的团队合作精神，互相鼓励、支持。

▶ 支持策略

1.手球球体比较小，易于单手控制，融合了走、跑、跳、投、拍、传、接等动作，适合幼儿操控以及锻炼身体。教师们将这些基本动作拆分，创设游戏情境，避免了枯燥的技能练习，孩子们在自发的重复游戏中就能掌握手球动作技能。

2.在后续活动中，教师可以引入更多种类的投掷物和目标桶，以增加游戏的趣味性和挑战性，激发幼儿的探索欲望。教师还可以鼓励幼儿自主探索手球，尝试设计自己感兴趣的手球游戏，发展幼儿创新能力。

3.设计更多需要团队合作才能取得胜利的游戏环节、培养同伴合作能力、交往能力等。

（杭州市钱塘区文清幼儿园　羊思云）

微信扫码
AI 教学助手
● 内容图谱
知识图卡
● 保育笔记

小球跳跳

视频二维码

▶ 案例背景

《指南》健康领域的"动作发展"中指出，幼儿要具有一定的平衡能力，动作要协调、灵敏。平衡机能的发展有助于提高脑功能和认知能力。平衡能力是完成各种动作的前提，发展平衡能力，能让幼儿的身体在平稳、安全的状态下开展各种活动，是幼儿实现自我保护的最基本的能力。

本班幼儿在身体发育上，比小班有了很大的发展。他们综合体能明显增强：动作技能有了更大的发展潜能；动作的协调性增强，活泼好动，喜欢尝试一些新奇的富有挑战性的动作玩法；与同伴也开始出现一些合作关系，通过合作获得身体运动的经验，同时有了一定自我保护的安全意识。

▶ 案例描述

本次游戏是请幼儿在"跳跳床"（四方布）的协助下让海洋球跳动起来。两名孩子四只手要同时掌握好布块运动的方向和力度，控制好四方布，不停地抖动，使海洋球不停地在四方布上跳跃又不至于掉落。在游戏中锻炼孩子的手眼协调、手臂控制能力，还挑战了孩子的合作能力。在初始的游戏中，教师可以在四方布上放置一个海洋球，等熟练后再逐步增加。如果孩子对前面环节的操作已经十分熟练了，教师可以出示大的四方布，里面放置若干个海洋球，请10个孩子一起进行游戏，游戏的难度也增加到最高。如果孩子对手眼协调的操作还不是很熟悉，教师可以将最后一个环节滞后，等熟练后再进行。

本次活动利用海洋球、四方布以游戏化的情景进行导入。先让孩子们自由探索：怎样才能让海洋球玩跳跳床？教师事先将四方布放置在地上，让两个小朋友一起拉住四方布，然后把海洋球放上去。在玩的时候，孩子们利用拉、摆、抖的方式进行尝试。在最后一个环节，进行了难度的提升，所有的孩子一起拉着大的四方布，进行小幅度的抛掷。他们将海洋球当作爆米花，大的四方布当锅，将活动推向高潮。整个活动，孩子们自始至终都在游戏情境中学习和活动，老师和孩子之间建立了一种良好的伙伴关系，同时增加了幼儿对体育游戏的兴趣。

▶ 行为分析

在进行"小球跳跳"游戏的过程中，遇到了一些小的问题。游戏玩法中要求幼儿手持四方布的角，用拉、摆、抖的方法进行游戏。游戏中在材料上进行了调整，将四个角都缝上扣子，怕孩子在持续抖的过程中，掉下来。存在的问题是游戏指导中指出，抛接时，要让海洋球依旧掉在四方布上。为此，事先和另一个老师进行尝试，但在抛接的过程中，抖动的频率不统一、抖动的速度不统一、抖动的幅度不统一，都会导致小球落在地上。为此，将小球的材料进行调整，换成报纸球、气球、弹力球，都没有成功。所以，降低本次游戏活动的难度，将抛接球的环节放在最后进行尝试。

▶ 支持策略

在这个体育游戏活动中，主要是锻炼孩子的手眼协调、手臂控制能力，还挑战了孩子的合作能力。但考虑这只是一个体育游戏，而不是教学活动，所以我觉得最后一个环节设计得有些花哨，在最开始的时候可以先让孩子们拿着四方布，自己来玩一玩，自己随意地进行抖动。再放置 1 个海洋球进行尝试，在抖动的过程中，主要是靠孩子的大臂力量进行的，所以老师还要提醒孩子，不要太用力，先进行小幅度的抛接。还可以请能干的孩子进行示范，并由孩子来说一说，他们的小球为什么会一直在跳跳床上。最后再让孩子们进行游戏。本次的重难点，主要围绕抛接来展开的，老师只要解决好这个问题就可以了。活动结束前老师还要进行简单的对幼儿超能力的表现及时给予肯定和鼓励，让幼儿对参加活动更加充满信心。

（杭州市钱塘区景苑幼儿园　周婷）

第二节　户外活动案例

小积木　大乐趣

视频二维码

▶ 案例背景

在户外场地建构区，孩子们热衷于搭建跷跷板。在搭建过程中，跷跷板总是有一边翘起。在一次偶然的尝试后，孩子们发现在翘起的一端压下后，另一端还会继续上翘，进行多次尝试后，发现翘起端可以弹起小球，引起了大家的好奇心与兴趣。教师顺应幼儿兴趣，引导孩子们各自对支点、力矩、重力等关系都有了不同水平的感性经验，挖掘运用这些经验创造新的游戏玩法，鼓励孩子进行自己创造出的弹板游戏。

▶ 案例描述

户外场地建构区，乐乐和果果一起在积木区寻找材料搭建跷跷板，在搭建完成后共同进行跷跷板的游戏，这时果果说："乐乐，我们换一种方式玩吧！"

"好啊，好啊！"

"我们来玩弹弹球的游戏。"

果果和乐乐从运动组合区拿来跳跳球，把它放到跷跷板的一端，自己从另一端木板的高处向下跳，落在翘起的一端，使另一端的跳跳球弹起在空中。两人轮流进行跳板游戏。过程中，果果弹起的高度总是比乐乐高，果果站到弹板旁边，说："我来教你吧！"

"你要跳高一点儿，像咱们去跳摸高器时那么高。"

"要跳到这个位置球才能更高。"她指了指跳板。

乐乐按照果果的方式尝试了几次，跳跳球弹起的比之前高了很多。这时，乐乐提出了另一种坑法：只见她将一只脚抬起，然后用力踩到跳板上，跳跳球同样可以弹起。只是果果在尝试后说："我这

样踩下去没有我跳下去的时候有力气，球都弹不高了。"之后两人用
自己喜欢的方式将跳跳球弹到高空。

▶ 行为分析

1. 积木建构游戏能够有效促进幼儿身体、认知、社会性、动作
技能及情绪情感等多领域的发展。运动与游戏的融合共生，跷跷板
与跳板游戏能有效地促进幼儿的思维能力、分析综合能力、腿部的
弹跳力、锻炼空中控制身体的能力和提高前庭功能稳性的发展，以
及健美形体均有显著作用。

2. 幼儿在游戏中发掘新玩法，在积木搭建的跷跷板游戏探索中，
他们发现了跳动或起身后突然坐下所产生的压力。使用新经验，产
生新的游戏，比如了解了支点与平衡的关系后，利用支点移动导致
力矩变化的经验，故意打破平衡产生新的游戏，将跷跷板变成跳板，
发展幼儿对数学的兴趣和探究欲，并为其早期深度学习的发生提供
可能。

3. 活动中果果能提出自己的想法并进行实践，而并非出于模仿

敏感期幼儿所进行的单一模仿，拥有自己创造游戏的能力。幼儿在拥有学习能力的同时可以在所学的基础上进行创造与改变。

▶ 支持策略

1.教学中应继续巩固和提高已掌握的动作，后续活动中应时刻注意根据幼儿运动能力发展水平，不断设计改变游戏方式，从而提高动作质量。在活动中，着力巩固幼儿向下跳的正确姿势，以增加落地时的安全性。

2.指导家长为幼儿穿大小合适且方便运动的鞋服，着装轻便、无坚硬饰品，户外游戏前教师需对幼儿的鞋服进行检查。

3.在游戏前，可结合图片、视频与幼儿讨论，对游戏中易出现的安全隐患寻找排查，树立安全防范意识。

4.游戏时，教师要合理分配站位，调整自己的位置，确保能关注到班级中所有幼儿，做到让观察与指导同步进行。

（石家庄市桥西区第三幼儿园　郑晨雨）

百变万能 创意无限

视频二维码

▶ **案例背景**

    万能工匠是一种建构游戏，而搭建类游戏是幼儿喜爱的活动。受"故事大王"比赛的影响，石榴小朋友分享的绘本故事《小吉普消防车》让中一班的小朋友对车产生了浓厚的兴趣，小朋友们就想用万能工匠可以搭建出各种各样的车来。在开展户外自主游戏"万能工匠"时，小朋友们又能玩出什么精彩的故事呢？

▶ **案例描述**

    户外活动时间开始了，孩子们积极搬运玩具，有的搬万能点，有的拿万能棒，忙里忙外，不一会儿玩具都已摆放好，孩子们自己组合，开始搭建。琪琪、阳阳还有辰辰组成一组，琪琪对他们两个说："我们搭个摩托车吧！我去搬万能点。"阳阳立即附和："好！"辰辰听见琪琪去搬万能点，他说："那我去拿万能棒。"

    琪琪三人搬来两个万能点，用万能棒进行连接，这样摩托车初

具规模，琪琪对阳阳开心地说："快，快上来。"阳阳开心地搭上了琪琪的"摩托车"。两个人嘴里"嗡嗡"地模仿摩托车发动的声音，像在马路上驰骋。就在这时，站在旁边的教师提出了疑问："这是你们搭建的摩托车吗？好酷啊！可是摩托车的油门在哪里？应该怎么加速啊？"

孩子们听后，开始打量他们的摩托车。琪琪坐在前面看着扶手的地方，意识到并没有把手，于是立马拿起一个圆盘，放在前面。这下他们骑上"摩托车"就更酷了。

"摩托车"搭建完成了，终于可以上路了，琪琪和小伙伴们又开始"嗡嗡"地开车了，可是来往的小朋友总是挡住他们的去路，琪琪又一个跟头下了车。他对辰辰说："我们得想个办法啊，怎么他们

总是在这儿。"辰辰回应道："对啊，那怎么办呢？"琪琪看了看四周，又眉开眼笑了起来，说："我们搭个指示牌吧，让他们知道不能从这里走。"说完，他就拿起两个黄色的万能点，又拿来一个万能棒，两下就做好了一个指示牌。为了保证交通安全，他把指示牌立在路边，大声告诉别的小朋友："你们都听我说，马路指示牌都已经做好了，你们要遵守交通规则啊，不能乱跑。"说完，他就一条腿搭上了"摩托车"，"嗡嗡"地把摩托车开走了。

▶ **行为分析**

　　1. 孩子们在搭建过程中有可能因为想要尽快享受搭建成果而着急，忽略了一些问题，这时候就需要教师能及时参与，帮助幼儿观察到问题所在，引导幼儿通过自己的搭建经验和生活经验来解决问题。

　　2. 在搭建过程中可以看出，琪琪不仅有想法，而且能够通过实践实现。经过教师的引导，能及时发现和解决问题，他搭建经验丰富，解决问题的能力较强，组织和领导能力也很强。

3. 幼儿的学习是在游戏中进行的，教师应拓展幼儿的生活经验。琪琪能将现有的生活经验运用到游戏中，还能在原有知识经验的基础上，通过游戏，反馈到生活中，进一步理解。他们在模仿、建构的过程中，也获得新的感悟，提升了能力。

▶ **支持策略**

1. 材料支持：单一的万能点和万能棒不能满足幼儿的探索欲望，教师可以投放更多的万能工匠、轮胎等材料，让幼儿尽情探索。

2. 游戏玩法：教师可以专门开展一节万能工匠玩法的讨论活动，让幼儿学习和观察更多关于万能工匠的玩法，也让幼儿发散思维，讨论出更多有趣的游戏玩法。

3. 兴趣的保持：对于幼儿有趣的游戏，教师可以记录下来并播放给大家观看，增强幼儿的自信心，让幼儿保持良好的游戏兴趣。

（石家庄市桥西区第三幼儿园　祁欢欢）

"骑"乐无穷

视频二维码

▶ **案例背景**

　　小车是孩子生活游戏中最喜欢的玩具之一，谈起车子他们有说不完的话题，每一次玩骑行区都是不亦乐乎，意犹未尽。"老师，为什么我们每次骑车都会撞在一起呢？""为什么我爸爸的车上有一串数字呢？"伴随着孩子们在游戏中出现的问题，老师和小朋友一起开始新的探索……

▶ **案例描述**

　　伴随着户外游戏音乐的缓缓响起，孩子们开心地来到骑行区，争先恐后地进区，选择自己"中意"的小车。

　　"我喜欢这一辆，这是我的。"

　　"我先看到的，这个给我！"

　　……

就这样，孩子们开始了他们的骑行之旅。没多久，我又听到"老师！他刚刚骑车撞到我了！""哎呀，你走开，我骑不过去了。""我想要到前面骑，你坐到后面。""不要，我也要骑。"……

小朋友在刚刚骑行的时候，遇到了各种各样的问题，出现了堵车、逆向、撞车等各种"车祸"现象。

怎样解决这些问题呢？幼儿在游戏分享时一起展开了讨论……

依依说："他骑车的时候老是歪歪扭扭，就撞到我了。"

诺诺说："他骑得太快，卡到了我的轮子，而且还不让着我。"

云博说："我们在骑车的时候要注意看路上的标志，按照标志骑就不会发生车祸了。"

"对，我们要跟着地上箭头的方向走，到斑马线那里要减速。"仁昱附和道。

子娴说："我觉得应该有小交警来指挥交通。"

子娴的话引起了共鸣。于是，小朋友们认真了解交通标志的含义和交通规则，学习了交警的手势指令动作。

在轮流当"小交警"的自我监督下，骑行游戏顺利多了。

玩了一段时间后，依依说："老师，我和我爸爸一起去加油站给汽车加过油呢，我们可不可以也有一个加油站呀？"博宁说："我和我爸爸还一起洗过车呢，我们可以建一个洗车的地方。"夕夕说："我和妈妈一起开车取过快递呢！"于是，小朋友们开始讨论在骑行区创设更多喜欢的游戏场景。

▶ 行为分析

1. 小车是孩子生活游戏中最喜欢的玩具之一，骑行活动可以提高幼儿动作的灵活性、协调性和平衡能力。

2. 幼儿一开始的骑行游戏，只是漫无目的地骑车，在游戏中不注意标识、路线、箭头，教师可以通过游戏分享引导幼儿发现问题、解决问题，为以后的安全骑行打下基础。

3. 从简单的骑行运动到社会性角色的渗透，孩子们在游戏中体验、探索、发现、表达……交通安全意识增强了，社会交往能力提升了。

▶ **支持策略**

1.骑小车可以锻炼幼儿腿部肌肉力量、平衡能力和肢体协调能力。在游戏中掌握正确的骑行姿势和技巧，逐渐提高骑行的速度和稳定性，这在提高幼儿身体素质的同时，增强了他们的勇气和自信心。

2.幼儿通过不同角色的扮演，也学习到了很多社会性经验、增强了自己解决问题的能力，促进了想象力和思维能力的发展，丰富了情绪体验，有助于积极情感的培养。这是一场快乐的骑行，是一场孩子们发自内心喜欢的游戏，在游戏中，他们都是游戏真正的小主人。

3.在后续活动中，充分利用家庭参访活动，帮助幼儿获取更多生活经验，并且利用已知经验拓宽游戏玩法。

（石家庄市桥西区第三幼儿园　孟英志）

邂逅轮胎

视频二维码

▶ **案例背景**

　　自主活动游戏，即要求幼儿能在具有一定自由度的活动环境中，根据自己独特的生活兴趣和发展需要，以自我快乐和得到满足需要为根本目的，自由选择活动、自主组织开展、自发讨论交流，来解决问题的一系列积极与主动参与的学习活动发展过程。这是一个认知过程，也是早期幼儿兴趣与需要充分得到有效满足时的特殊表现，也是孩子在创造性活动中，充分有效地发挥潜能和自我人格全面建构完成的必然过程。自主游戏的特点是自主性。孩子是天生的游戏探索家，普通的废旧轮胎更是孩子们眼里的有趣玩具，孩子们非常喜欢玩轮胎。因此，幼儿园为孩子们准备了丰富的轮胎资源供幼儿大胆探索。现在一起来看看，孩子们是怎么探索出轮胎的多种玩法吧！

▶ **案例描述**

　　一天，幼儿在操场上进行自主的户外游戏，突然有几个小朋友发现了放在角落里的轮胎。卓卓说："这么多轮胎放在这儿，我们可以玩吗？"

　　在得到了老师肯定的答案后，孩子们便相继玩起了他们自己感兴趣的游戏：滚车轮的竞赛、跳车轮、踩在车轮上进行能力竞赛……

在第一次的游戏活动中，幼儿的游戏活动比较简单，游戏材料也相对单一。幼儿在游戏活动中会表现出消极的态度，而且容易被其他幼儿的游戏吸引。

后来幼儿又进行了第二次轮胎游戏。第二次游戏，幼儿的兴趣点逐渐集中在"轮胎加入其他材料可以怎样玩"这一问题进行探索……

在游戏中，幼儿自发搬运自己需要的材料，进行组合搭建，在轮胎上面设置一些障碍。

▶ 行为分析

1.健康领域：在动作发展中，幼儿游戏时能以手脚并用的方式安全地攀爬，能安全进行游戏。

2.语言领域：游戏活动中，幼儿能主动与他人交流，并在活动中提出自己的疑问。

3.社会领域：在游戏中，幼儿能够与他人友好相处，活动时能够做到分工合作，遇到问题时能够一起去克服；在游戏活动中幼儿敢于表达自己的想法，并告知其他人；在游戏中，幼儿有大胆自信的表现。

4.科学领域：在游戏中，幼儿能够探索物体的形态，并根据物体的形态去探究组成新的物体形态。

▶ 支持策略

1.材料支持：提供丰富多样的辅助材料，如小木棍、彩绳、软垫等，让幼儿尝试将其与轮胎组合，拓展玩法，像用彩绳把轮胎连接成"障碍赛道"。

2. 经验支持：开展分享活动，鼓励幼儿讲述自己玩轮胎的新发现和新玩法，促进经验交流。同时，播放相关游戏视频，拓宽幼儿思路。

3. 情感支持：在幼儿游戏时，给予充分肯定和鼓励，用语言如"你这个想法真有创意"增强其自信心。当幼儿遇到困难想放弃时，耐心引导，帮助克服困难，持续保持对轮胎游戏的兴趣和探索热情。

（石家庄市桥西区第三幼儿园　魏平飞）

微信扫码
- AI 教学助手
- 内容图谱
- 知识图卡
- 保育笔记

百慧玩椅子

视频二维码

▶ **案例背景**

　　椅子是孩子们最熟悉的物品，方便取材，随处可见，每天都与孩子们亲密接触。在日常的活动中，常常看到孩子们把椅子当马骑，"驾，驾，驾"玩得非常高兴。

　　用椅子作为游戏器材，将走、跑、跳、平衡、钻爬等枯燥的技能练习寓于幼儿喜欢的椅子游戏中，让幼儿探索出椅子的新玩法，玩出新花样，提高幼儿参与练习的兴趣，从而提高幼儿的走、跑、跳、平衡、钻爬等技能，提高协调能力、合作能力等。

▶ **案例描述**

　　"小朋友们，老师知道你们非常喜欢玩椅子，那你知道椅子可以怎么玩吗？"桐桐小朋友迫不及待地站起来，说："我们可以把椅子拼在一起玩呀！"于是，大家开心地将椅子拼成了独木桥，玩起了走独木桥的游戏。经过几轮的比赛，冠亚军终于在桐桐和梓硕小朋友之间产生了，小伙伴们都在为自己的朋友加油！打气！之后，大家又不断自主摆放椅子，进行了钻山洞、跨栏跳、走迷宫等新玩法。

小朋友们想了很多方法，跟椅子一起玩独木桥、钻山洞、跨栏跳、走迷宫、单脚立等游戏，非常好玩。

"刚才，老师还看到一个有趣玩椅子的方法，小宇小朋友带着椅子从这边移到那边，非常好玩，孩子们，大家想带着椅子从这边移到那边吗？"教师问道。

"小朋友们可以一个人玩移动椅子，也可多人合作玩移动椅子。"老师的话音一落，孩子们就兴奋地开始了各种各样移动椅子的玩法探究。

玩了一段时间后，小乐说："独木桥、钻山洞、跨栏跳、走迷宫、单脚立、摆火车对我们来说小意思，一下子全部过关了，我们玩其他的游戏吧。"

▶ 行为分析

1.椅子是孩子们最熟悉的物品，方便取材，随处可见，富有趣味性和灵活性，每天都与孩子们亲密接触。玩椅子的过程中能有效促进孩子各方面能力的发展。今天的玩椅子活动增强了孩子腿部灵活性，提高了他们的创造力和平衡能力。在活动中，孩子们掌握了跨、摆、绕、踩、跳等腿部的基本动作。

2.在一群孩子中，总有那么几个孩子很有号召力。梓硕在活动中自始至终带领同伴游戏，小伙伴们也乐意同他交谈、玩耍，说明梓硕有一定的组织能力。相比之下，可可在活动中显得较被动。

3.活动中桐桐能调整一成不变的玩法，通过几次变化让每个小朋友都能参与其中，让每个小伙伴都体验了游戏的快乐。

▶ 支持策略

1.玩椅子有踩、跨、摆、碰、绕、爬、提等十余种基本动作，鼓励幼儿将这些基本动作排列变换、穿插组合，尝试多种精彩花样，使其身体素质得到全面发展。

2.将游戏的主动权还给孩子，让幼儿成为游戏真正的主人，随处可见的椅子成为幼儿自主探索的材料，发展幼儿身体协调能力的同时，锻炼同伴合作能力、交往能力等。

3.在后续活动中，教师还可以充分利用家长资源拓宽游戏玩法，家长和幼儿一起参与到活动中，拉近亲子关系的同时，又可以丰富幼儿的活动内容。

（石家庄市桥西区第三幼儿园　李伟伟）

视频二维码

挑战小勇士

▶ **案例背景**

　　骑行游戏是幼儿喜欢的一种运动。在开展骑行活动时，孩子们可以自主运动、大胆创新、自由结伴。骑行不仅可以增强体质，还能促进幼儿各种动作的发展，促进幼儿身心健康和谐发展，增强伙伴之间的交流和沟通。

▶ **案例描述**

　　在一次谈话中，教师和孩子们讨论了自己最想去的地方。欣怡很激动地说："我好想去迪士尼玩！上次妈妈答应带我去，结果还是没去成。"其他小朋友也纷纷表示想去玩，这时王卓说："可以自己搭一个迪士尼！"霜霜说："那可以骑小车去迪士尼。"这真是个不错的主意！于是，便有了这场小勇士骑行之旅，目的地为上海迪士尼。

　　孩子们遇到的第一个问题是："在哪里骑车呢？"

　　王卓："在操场里骑车吧！"

　　博博："那里铺了草坪，有点骑不动。"

　　涵涵："那在后院通道那里玩儿。"

　　……

孩子们热烈地讨论着。但到底在哪里玩儿呢？大家决定到教室外面走一走、看一看。当他们走到玩具库那里时，有个人大声地说道："这里有一条大马路，可以在这里骑车。"也有小朋友说："一条马路！是不是可以在马路上设置一个个障碍来通过呢？而且小车离这里也很近。"

于是孩子们确定了骑行的地点，就在悬浮地板这里！

"这注定是一场不简单的骑行之旅，在行驶的过程中，小勇士会遇到各种各样的障碍，你在马路上看过哪些障碍呢？"教师问道。

伯簏："我看过前方施工的障碍。"

天宇："我在井冈山看到过一直转弯的障碍。"

昆仑："我在我家楼下看到了井盖维修，有工人在井底工作。"

勇士骑行之旅开始了，孩子们快速找到自己的伙伴开始分工搭建路障，并开始了骑行。

行为分析

1. 源于兴趣，基于经验，引发经验提升。此案例中，孩子们骑行的兴趣很高，但在实际骑行中，他们发现了一些安全隐患。于是，孩子们自己讨论，自己想办法，结合兴趣和需要，以交通规则为切入点，自发地去想办法，最后用衣服来代替交通信号灯。

2.随着游戏的推进，孩子们在社会、数学、语言等领域都得到了发展，他们也在与环境、材料的不断互动中得以锻炼和提升。在游戏中，孩子们不断发现问题、解决问题。游戏过程中孩子们自发交流、设计、布置场地、自己做红绿灯等，很好地发展了语言表达和社会交往能力。在游戏中，幼儿认识了交通标志，学会了基本的交通规则，意识到遵守交通纪律的重要性，促进了社会性发展。骑行游戏有效促进了幼儿身体协调能力和动作灵敏性的发展。孩子们在游戏过程中不怕困难、勇敢尝试，在游戏中体现出互助、友爱、合作的品质及能力。

▶ 支持策略

对于在游戏过程中出现的各种问题，幼儿能够想办法解决，能够结合自己的已有经验去不断尝试，主动合作。这不仅丰富了游戏的内容，也让他们语言能力和社会交往能力得到了发展。在整个过程中，教师是一个观察者，更是一个倾听者。教师尊重幼儿的想法、倾听幼儿的意愿，给幼儿充足思考和实践的时间，真正做到最大程度地放手和最低程度地介入。幼儿在游戏过程中有自己的角色担当，以兴趣贯穿整个游戏。

（石家庄市桥西区第三幼儿园　闫丽娟）

谁的轮子车最快

视频二维码

▶ 案例背景

《指南》中提出："要根据幼儿的年龄特点组织形式多样、生动有趣的户外活动，吸引幼儿主动参与。"户外活动时，为了能够进一步探究"谁的轮子车最快"的秘密，让孩子成为主动的学习者，教师鼓励孩子大胆探索、尝试，以幼儿真实的发展需求为教学起点。基于幼儿的问题和兴趣，教师掌握幼儿已有经验和发展水平，确定幼儿最近发展区，开展户外活动。当户外内容是孩子想玩轮胎车时，教师会调动幼儿全部的智慧去探索、研究，构建新的知识体系。

▶ 案例描述

晨间体育锻炼时，由于天气较冷，孩子对于体育锻炼不太感兴趣，个别微胖的孩子在休息区域开始聚集在一起聊天。米桐说："瞧，墙上的轮胎圆圆的，还有花纹，好像一个大月饼。"逸豪马上说："那幼儿园岂不变成了月饼王国，哈哈！"浠浠说："才不是呢。我和爸爸视频时，看到整整齐齐放着各种各样的轮胎，上面的花纹和大小都不一样。"

他们围绕着轮胎七嘴八舌地争论起来。教师走到旁边，说："瞧，可以用轮胎搭轮子车比赛哦。"他们思考起来："老师，轮胎不稳。""上面材料太重了。""轮胎好像有点小，木板比较大。"米桐着急地说："要用手一直扶着才可以稳定。"终于，他们搭建了简易版的轮子车。

运输比赛开始了。他们最后分别用光滑轮胎车、花纹轮胎车及垫子进行运输比赛。在运输过程中逸豪说："老师，米桐的车有轮子，我的没有。"浠浠说："我的轮子虽小，真的有轮胎能跑得快。"王谦："我这辆车超快，我比你们都快。"逸豪此时心情低落，要求再次比试。他看了看旁边的材料，与小伙伴在跑道上增加一些木板和梯子作为阻力。但结果还是一样，性格不服输的逸豪着急地说："不算不算，还要比一场。"

他看向远方，顿时有了新想法："瞧，去那比。"他指向沙池的场地，他们从周围找来长棍子，摆好三个轨道。比赛时，其中浠浠的轮胎车一不小心陷进沙土里，翻车了。王谦看到有车翻倒，小心翼翼地减缓了速度。逸豪最开心，他毫不费力地向前冲，结果可想而知。

行为分析

1. 关注个别幼儿的运动量

班级里的个别儿童是体弱儿童或肥胖儿童。在运动中，教师需要关注的是运动量没有达到或者运动密度过高的个别儿童。案例中，教师关注到休息区的孩子，他们在气温低的情况，坐在休息区没有走动。面对这个教育契机，教师适当进行随机引导，从旁观者角度用建议的方法告诉孩子们选择的运动器械。

2. 自主寻找材料，引发兴趣

在整个晨间体锻中，幼儿主动探索、观察，尝试自主建造轮子车。孩子们搭建轮子车时，发现大轮胎和小轮胎所能承受的重量不同。

教师原来是想直接通过主题活动来让孩子了解。但是，几天前教师就发现逸豪用轮胎搭建着一个长椅，但是他一坐上去轮胎椅就倒。于是，结合幼儿的兴趣，教师以支持者的身份将他这一偶发的行为着色完善，让它成为促进孩子探索搭建轮子车的助推剂。

3.发展游戏，增强幼儿能力

通过已有对轮胎的经验，幼儿不仅知道轮胎是圆形的，还知道轮胎有各种各样的花纹。他们知道圆形可以带动车体前行，还了解花纹的作用是防滑，可以增加轮胎与路面的摩擦。他们在同一长度和有障碍的跑道进行比赛，发现轮胎上没有花纹的车跑得快。因为速度太快，轮子车跑偏了路线，滚出了滑道。从而他们得出结论：有花纹的轮胎更安全。

▶ 支持策略

1.轮胎纹理研究，资源提供

教师通过科学活动"花纹的秘密"让幼儿了解到花纹是增强车的抓地力，增强摩擦力，让幼儿发现花纹也有不一样的。比如农用车比小汽车的轮胎花纹更粗，因为农用车要经常在泥土里工作，需要更大的摩擦力。结合实验探究，师幼共同梳理出以下经验：第一，轮胎的花纹主要作用是增加胎面与路面之间的摩擦力，以防止轮胎打滑；第二，轮胎的花纹能增加排水量；第三，轮胎的花纹具有散热的作用；第四，要注重细节，幼儿比赛时需要同时出发。

2.自主开放探究，适宜多途径

幼儿通过实地操作、游戏等方式知道轮胎的基本特征及重要性。在搭建轮胎、赛事的过程中，促进幼儿手部精细动作的发展。案例中每一个问题都源自孩子自身经验的冲突。他们在自问自解、互助共解的讨论交流中不断运用已有经验去观察、比较、推理和探究解决问题的方法。

3.灵活变通支持，驱动问题

"实际操作，亲身体验"是大班孩子科学探索的主要方式。教师作为活动的支持者，给幼儿提供各种丰富多样的工具和材料，建议并鼓励幼儿根据发现的问题及时调整计划，相信孩子具备修订计划再探索的能力。形成驱动性问题，驱动幼儿主动思考、积极探究、解决问题。高度信任的积极互动，能更好地促进孩子的发展。把主动权还给孩子，让他们尽情去探索已知和未知的领域。

（杭州市钱塘区江澜幼儿园　曾飞泉）

足球游戏与器械操控

▶ 案例背景

　　幼儿阶段是发展幼儿平衡能力、协调能力及灵敏性的重要时期，《指南》从身体素质的角度提出了幼儿在大肌肉动作方面"具有一定的平衡能力、动作协调、灵敏"等学习与发展目标，对大班幼儿的器械操控能力学习与发展的内容提出了具体要求，主要涉及投掷、抛接球、拍球、跳绳四个方面，这也充分体现了国家对于幼儿体质的高度重视。所以在体育游戏中必须发展幼儿基本的身体素质，来促进幼儿神经系统和脑功能的完善，也是今后学习更多、更复杂动作的基础。我园是足球特色幼儿园，足球游戏运动就成为当前本园户外体能游戏活动的首选。足球对于幼儿肢体操控能力方面意义重大，特别是在手与脚的配合程度，以及器械操作上。

▶ 案例描述

　　户外自主游戏时，孩子们选择来到最钟爱的球类活动区。"1、2、3……30，豆豆你太厉害了！"豆豆在同伴的夸赞下一边拍球一边露出自信的微笑。与此同时，小小也在拍球，拍了三四下，球儿溜走了，小小马上捡回来继续拍，拍到第三、第四下时，球越来越低，最终球儿弹跳不足，又溜走了，几次下来，小小噘着嘴，心情低落，干脆坐在了球上看豆豆拍球了。几名幼儿在进行传球游戏，只见球向豆豆滚来，豆豆右腿向后抬起，马上向前踢出，脚还没有碰到球，就一屁股摔倒在地上。豆豆并不气馁，快速起身，追上去，飞起一脚，球快速滚向开心。"开心，你快接住！""好！"只见球又一次从开心的脚尖溜走了，同伴们纷纷指责，由于开心的失误导致小组的失利。幼儿对球有着一种天生的喜爱，他们或单独玩耍，或两两比赛或三五成伴……他们或拍球，或接球，或逐球……由于幼儿个体存在差异，同一班中幼儿基本动作能力及控制能力参差不齐，有些幼儿还远远没有达到预期的目标。

▶ 行为分析

1. 缺少运动——环境缺创设，形式缺花样。从家庭来看：孩子在家观看电视、使用手机玩游戏时，几乎没有身体的运动，久而久之，幼儿逐渐因运动缺失而失去玩耍的野性。从幼儿园来看：为了幼儿的安全，过度担心和保护，教师会减少具有一定难度的体育运动，从而使幼儿运动的平衡性受到一定的限制，更多是精细部分的运动，缺少全身大肌肉运动，导致动觉缺失。

2. 目标分离——投放缺层次，材料缺连接，身体缺协调。教师对幼儿在走、跑、跳、钻、爬、投掷等方面的培养目标有一定的了解，但在开展活动时，还不知该如何制定不同层次的目标，投放不同层次的材料，设计不同难度的游戏，以此来确保不同运动能力的孩子都能在原有的基础上有所提升。因此，老师在制定户外体育游戏中的教学目标没有衔接，比较分散，导致幼儿的动作协调性和灵活性发展缓慢，器械操控能力较差，不达标。

3. 教师轻视——游戏缺趣味，品质缺培养。教师对户外体能游戏比较轻视，只是给孩子提供体育器械，让其自由玩耍，没有游戏的情境，也激发不了幼儿参与的兴趣，达不到锻炼的目标，无法获得愉快的情感体验，更谈不上意志、品质的培养。而体育器械是一种高结构材料，需要教师营造游戏的情境，逐渐提高游戏的难度、增加竞争因素等方式增强其趣味性和挑战性。

▶ **支持策略**

1. 优化基础铺垫型游戏，落实基本能力

（1）激发参与兴趣的游戏形成。

以幼儿的兴趣为出发点，将幼儿生活中和学习中的经验与足球相结合，并让幼儿自己创设足球游戏，将简单、枯燥的足球技能练习变成幼儿喜欢的、乐意接受的游戏，从而激发幼儿自主学习的动力。

（2）刺激多种动作的操控游戏。

孩子们通过"木头人""小动物运粮""足球小勇士"等足球游戏，通过投、抛、接、踢、踏等动作体会足球游戏的乐趣。

（3）解决操控难点的体能活动。

器械操控的特点是上肢操控能力发展在前而下肢在后。足球活动主要是用脚部支配和控制球，这无疑增加了幼儿器械操控的难度。幼儿在刚开始玩球时兴致很高，但逐渐发现自己接触球之后难以控制住球，脚部不听使唤，导致孩子的兴趣就会逐渐减退，因此利用标记直观学习，让动作变得更易掌握。

2.活动具备巩固类功能，实现高效提升

（1）指向能力积累的趣味型器械操控游戏。

在有趣的足球游戏情境中，为幼儿创设足球游戏情境、游戏材料时提供有"吸引力"的情景和"新颖"的材料，幼儿愿意尝试各种不同的足球游戏，练习足球各种动作技能，从而积累对器械操控的能力。

（2）指向技能了解的综合型器械操控游戏。

足球游戏中的器械操控技能有：抢球、踢球、绕杆、抛接球、射门、顶球、对抗赛等等。通过多样的足球游戏，拓展幼儿的器械操控能力。

（3）指向综合运用的交替型器械操控游戏。

根据大班幼儿对器械操控技能的了解与掌握，设计"闯关小能手"足球游戏，幼儿在游戏中通过带球绕桩、定点射门、抛接球、颠球等交替器械操控，提高足球技能练习，发展其运动能力，使幼儿在足球游戏中体验快乐玩足球的乐趣。

（杭州市钱塘区前进幼儿园 王利平）

"爆滚"勇士

▶ 案例背景

　　幼儿园前操场沙沙堡旁边立着的几个大大小小、直径大约有一米的大滚筒，会让陌生的小伙伴有些疑惑：这么多大滚筒立在这里，是干什么用的呢？是玩具吗？这有什么好玩的？可不要小看它们噢，这些，可是小朋友们早上参加晨间锻炼最喜欢的运动器械之一。不过，对于刚刚升入中班的幼儿来说，这个大大的、重重的、会滚来滚去的大家伙，看上去并不是那么容易驾驭的！看着大班哥哥姐姐们在滚筒上如履平地，中班幼儿也都跃跃欲试。这种既有原始生态性又富有挑战性的运动器械，让幼儿在探索、学习、运动的同时，感受到挑战带来的刺激和愉快。

▶ 案例描述

　　今天是本学期第一次参加"滚筒小兵"运动项目。老师说："老师先来试试。"说完，老师便想尝试站上滚筒。小朋友们期待地看着老师，但是最终让大家失望了，老师没有成功。"有没有小朋友想来试试看呀？"老师问道。平时胆子最大的安安喊着"我要，我要！"并兴奋地挤到了最前面。只见他双手扶着滚筒上面两侧，一只脚刚想踩上去，滚筒在手的力道作用下，慢慢地向前滚动起来，这让安安踩

100

在地上的脚不得不单脚跳着追过去，好不容易让滚筒停了下来，安安这次害怕滚筒再次跑开，双手不敢全力支撑身体了，只是轻轻扶着，但是由于自知滚筒不稳，他的脚还是一直不敢踩上去，第一次的尝试好像并不是那么顺利。接下来尝试的小朋友也都无法顺利站上滚筒。

"看来这个滚筒真的很调皮，它可能还不太认识我们，有点儿陌生，没关系，我们先花点儿时间跟它们熟悉一下，现在大家可以用自己喜欢的方式，当然，要在安全的前提下，玩一玩这些滚筒，和滚筒交个朋友。"老师安慰道。小朋友们听了，有的钻进了滚筒里，摇来摆去地玩，有的则趴在滚筒上，还有的小朋友和小伙伴一起推起了滚筒，好不热闹！

▶ 行为分析

在游戏的开展过程中，教师更多地居于幕后，比如在幼儿第一次接触滚筒的时候，教师没有立刻告知滚筒的玩法要点，而是让幼儿大胆地去触碰、感知、尝试，充分发挥幼儿的主体地位，让幼儿成为游戏的主导者。因为之前幼儿有看到过大班的哥哥姐姐们踩在滚筒上行走的前期经验，教师无需过多解释滚筒玩法。游戏活动中，师幼互动非常重要，有效的师幼互动既影响着幼儿的发展，也折射出师幼的双向交流。在教师示范环节中，教师并没有直接将成功案例展示在幼儿面前，而是选择站在与幼儿齐平的能力程度，让幼儿觉得自己有可能做得比老师更好，以此鼓励幼儿大胆尝试，愿意接触滚筒，用自己喜欢的方式玩一玩滚筒，让幼儿对滚筒游戏产生兴趣，而并非因为难度大而对滚筒望而生畏，继而引导幼儿慢慢掌握走滚筒的技能。

▶ 支持策略

《指南》中强调：要最大限度地支持和满足幼儿通过直接感知、实际操作和亲身体验获取经验的需要。可以理解为：幼儿在学习的过程中，教师不能只注重结果，而是要强调幼儿通过探索和体验，在能力、情感、意志等方面得到发展和提升。案例描述中的走滚筒游戏，依照孩子们的前期经验可能就是觉得这个滚筒应该只能是站上去，踩着向前走的玩法，但是老师在后面的引导中，并没有强调这一点，而是给足幼儿探索和创造的空间，让他们自由地去触碰和感知，探索和挑战，教师予以肯定和支持。这样的师幼互动才能够更好地满足幼儿游戏发展的需求。同时，教师应善于发现幼儿的游戏特点，为他们提供更有力的支持和帮助。

1. 提供轻松的"环境"支持

这里的"环境"不单单指向走滚筒的场地环境，更想要强调的是在整个活动中，教师参与其中时，带给幼儿的"精神环境"，也可以理解为活动中师幼互动给幼儿带来的帮助。

每个幼儿的运动能力、阶段不一，教师需要通过仔细观察幼儿的能力差距，制定适合的活动策略，满足所有幼儿对活动的兴趣。案例中教师给予幼儿极大的探索空间，让幼儿用自己喜欢的方式去接触滚筒，而没有按部就班地将经验直接灌输给幼儿，让他们直接尝试走滚筒。幼儿有的推滚筒，有的钻滚筒，在自由的游戏环境中，在老师给予的极大的自由精神空间里，自主探索滚筒的多种玩法，拉近滚筒与孩子之间的距离，让孩子们享受游戏的快乐和探索的趣味。

2. 师幼平等，激发内在探究动机

幼儿园，是孩子学习与发展的乐园，游戏的乐园。教师是支持者，是引导者，教师应该与孩子保持平等的地位。案例描述中，原本幼儿期待着老师展示正确又成功的走滚筒示范，但是结果是老师也失败了。这并没有让幼儿失望，反而，老师鼓励幼儿尝试挑战，尝试战胜老师，激发幼儿内在的挑战欲和探究欲。在他们眼里，老师一定是最厉害的，但是这次，老师跟他们一样，都不会走滚筒。于是，他们爬，他们踩，他们努力去探究怎么更快、更稳地站上滚筒，内在的求胜欲让他们积极参与活动，并在活动过程中得到发展。

（杭州市钱塘区景苑幼儿园　黄婷）

微信扫码

- AI 教学助手
- 内容图谱
- 知识图卡
- 保育笔记

104

体能运动促成长 户外锻炼快乐多

视频二维码

▶ 案例背景

户外体能锻炼活动是能提高人体健康的活动。《幼儿园教育指导纲要（试行）》（以下简称《纲要》）指出：幼儿园体育的重要目标是培养幼儿对体育活动的兴趣，要根据幼儿的特点组织生动有趣、形式多样的体育活动，吸引幼儿参与。开展户外体能活动的最终目的不仅仅是增强幼儿的体质，更大的价值在于通过多种形式的体能锻炼发展幼儿各方面的能力，促进其身心和谐发展。我们所负责的区域是高处往下跳，学习在合适的位置双脚并拢往下跳，勇于挑战困难。

孩子们对于向下跳并不陌生，会经常发现有许多幼儿从高处往下跳，却不能很好地掌握落地的动作，不会很好地保护自己。动作还不够熟练，从而出现有些幼儿落地时脸、膝盖着地，动作易变形，影响了跳的安全性。

▶ 案例描述

观察 1：早晨带领孩子们来到户外活动，经过热身运动，和孩子们一起摆放活动器材，由于是跳的区域，孩子们所摆的材料都跟跳有关。

多多对新新说："这几个大木箱我想挑战一下，我想从那个最高的木箱上跳下来。"

新新说："那我们一起把它们拼起来吧。"

孩子们对几个大木箱非常感兴趣，经过前期的摆放锻炼，孩子们能够自己进行木箱组建。一开始孩子们拉的木箱都是最小的两个木箱，通常的摆法就是阶梯组建，另一个就是平衡木组建。这一次他们选择了几个大木箱进行组建，组建完之后最开心的事就是用自己喜欢的方式跳下来。一会儿有的幼儿趴着了；一会儿有的幼儿躺着了；接着有的幼儿又跪着了，还时不时地发出大笑声。

观察2：为了增加活动的趣味性和丰富性，在活动中期的晨间活

动中，我们把轮胎也投放进去，把活动增加了一定的难度。一开始，孩子们都急匆匆地把轮胎往上滚，在带动轮胎的同时，自己很容易站不稳，或者是没有足够的力气把轮胎送到木箱上，需要老师的帮助才能成功。案例中的柏柏属于班上力气比较大的小朋友，他能够轻而易举地把轮胎搬上来，也能身体前倾、双脚并拢向下跳且平稳落地。

▶ **行为分析**

1. 中班儿童活泼好动，喜欢尝试新鲜刺激的动作，在平时的教学活动中，幼儿爱做向下跳的动作，如在大型玩具上往下跳、在花坛上往下跳，甚至在楼梯上最后几个台阶也会迫不及待地往下跳。但是也有些运动能力弱的幼儿在向下跳时有些害怕，也不懂得自我保护，造成身体某些部位受伤。也有部分幼儿比较好动，喜欢用各种姿势来跳，动作不到位也是容易受伤的。

2. 废旧的轮胎看起来并不起眼，但对于孩子来说却是一件不可多得的宝贝，它的可玩、可创造、可躲藏，将在活动中带给孩子极大的乐趣。在活动中增加轮胎的材料也是在原有的基础上锻炼幼儿的平衡能力。一物多玩，体现了运动器械的多功能性。一只废旧的轮胎，其功能被开发得淋漓尽致，它在运动的每一环节都充当着不同的角色。

▶ 支持策略

1.活动中运用了观察法，通过观察儿童分散练习，纠正部分儿童不到位的姿势，引导幼儿正确的跳法，及时对勇敢的幼儿加以鼓励。

（1）在教学活动中加强巩固和提高已掌握动作，使动作更加熟练和不断提高。根据幼儿运动能力的发展水平，不断提高动作质量。

（2）通过创设不同的难度，使不同程度的儿童都体验到成功的喜悦，懂得从高处跳落的保护方法。

（3）在动作技巧上通过练习并脚轻跳、脚尖落地，促使幼儿在落地前适时调节屈腿的速度和幅度，以减少对身体的震动。

（4）懂得从高处跳落的自我保护方法，让幼儿在玩中学、学中玩。同时培养儿童勇于挑战的精神。

2.活动中运用了尝试法，鼓励幼儿尝试带着轮胎从不同高度的木箱向下跳，当然幼儿在尝试过程中会发现一些问题，掌握如何用正确安全的方法从高处往下跳。

（1）同时以拍照的方式记录幼儿游戏情况。

（2）活动中要给予幼儿足够的时间、空间、自主和足够的实践。

（杭州市钱塘区景苑幼儿园 周炀慧）

小山坡趣滑记

视频二维码

▶ **案例背景**

　　户外运动游戏中，孩子们对我园真美岛的小山坡有着浓厚兴趣，只见他们一屁股坐在小山坡的高处，用力往下滑，借用山坡的坡度体验滑行。既然孩子们对于自然形成的小山坡有着如此浓厚的兴趣，我们教师何不顺从孩子的游戏兴趣，支持孩子们的游戏发展呢？因此，我们在小山坡投放了各种材料，供幼儿在户外运动中自主选择。于是，孩子们和材料产生了互动并有所发现。

▶ **案例描述**

　　哪个材料才能滑起来呢？

　　户外运动时间，幼儿选择中意的材料进行游戏。礼礼拿出小木板放在山坡上，他一会儿坐上面，一会儿趴上面，并借助身体力量向前移动。

　　六六："礼礼，你在干什么？"

　　礼礼："在玩滑板，可总是会卡，所以滑不快。"

　　只见礼礼再次借用身体力量将木板往前蹭，可忙活半天，小木板也就前进了一点儿，时不时地还卡在小山坡上。礼礼将小木板放回去，嘟囔着："太累了，一点儿都滑不快。"这时，在一边的翘翘坐在纸板上尝试滑下来，礼礼见状也去拿了纸板滑了起来，果然纸板的滑行速度比木板快了一些。过了一会儿，两个人开始滑行比赛，只是每次比下来，都是翘翘先滑下来，礼礼提出交换场地。几轮比赛后，礼礼大喊："翘翘，我发现这个地方的山坡比较陡，所以滑得快！"其他小朋友见状，纷纷加入其中，利用不同的材料进行滑行游戏。游戏中有孩子大喊："我发现在小山坡上滑草板滑得很快！"其他小朋友听到同伴的说法，都纷纷尝试用滑草板进行山坡滑行。直到游戏结束，孩子们还在乐此不疲地相互讨论刚才的山坡滑行游戏。

山坡穿新装，可以像滑滑梯一样快了吗?

有了上次的小山坡滑行体验，幼儿发现不同材料、不同坡度，滑行速度是不一样的。基于此，孩子们很快选择适宜的材料、山坡坡度进行滑行游戏。这时综合区的一一说："你们看，滑梯上滑得更快，你们敢不敢和我比赛？""不公平，你的本来就是滑滑梯，滑得就很快！"这时候阳阳说："我们可以把小山坡变成滑滑梯那样的就好了。""那我们去看看小山坡和滑梯到底哪里不一样不就好了。"辉仔建议着。于是，小朋友们开始来回穿梭在小山坡和滑梯处。经过反复观察和对比，小朋友们讨论起来。

潘潘："真正的滑梯是很陡、很光滑，所以滑得快！"

彤彤："对，小山坡上还有坑，会卡住。"

老师："所以，想让小山坡变得像滑梯那样快，应该怎么做呢？"

听到老师的提问，小朋友们开始思考起来：

团团："我们可以把山坡变得和滑梯一样光滑。"

越越："怎么把山坡变得像滑梯一样光滑？"

小朋友们开始沉思起来。这时，只见佳佳拿着滑溜布走过来，说："你们看，这块滑溜布是不是很滑？我们可以把这块布铺在草坪上，这样草坪不就和滑梯一样是滑滑的了吗。"听到佳佳的意见，大家都很赞同并且一起尝试把滑溜布铺在上面，尝试进行滑行。果然，在滑溜布和滑草板的辅助下，山坡滑行越来越迅速，孩子们游戏的快乐也逐渐增加。

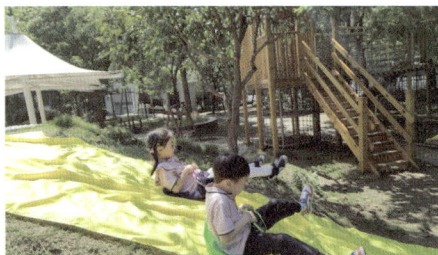

▶ **行为分析**

1.从案例中可以看出，孩子们对于小山坡滑行有着浓厚的兴趣并为此愿意自主探索不同的材料，创造性地使用这些材料。他们对游戏的深入探索、创新，完全是根据自己的意愿进行的。在这个过程中，幼儿表现出了他们的自主性、探究欲。

2.在兴趣的驱动下，面对困难和问题，孩子们愿意主动去观察、思考。在向下滑的过程中，幼儿已经初步感知接触面以及使用材料的特征，知道接触面以及使用材料的光滑程度影响滑行速度，知道坡度也对滑行的速度有影响。

3.孩子们愿意认真倾听同伴的话并且表达自己的想法，愿意积极主动地向同伴学习，总结同伴和自己的经验，改进自己的游戏行为，使得自己更好地进行游戏。

▶ **支持策略**

1.相信幼儿，鼓励自主解决。在游戏中，幼儿积极主动、认真专注、敢于探究和尝试。每一次遇到困难时，他们都会迸发出智慧。他们在游戏进程中遇到了许多问题：滑不快怎么办？为什么一样的材料我们滑的速度快慢不一样？面对幼儿遇到的这些问题，作为教师，没有直接告诉孩子们答案，放手让幼儿自主学习，将问题抛给幼儿，引发他们积极主动思考。教师充分利用自然中的小山坡和各种材料对他们进行支持，让幼儿自主去观察、比较、操作、探索在山坡上从上往下滑的玩法。教师支持和推动幼儿用自己的方式深入探究游戏的内容，锻炼了幼儿自主发现问题、探索问题、解决问题的能力。

2.适宜介入，提供恰当支持。在幼儿的游戏过程中，教师首先是一名观察者，关注并欣赏着幼儿自主探索的行为表达，但是当幼儿游戏或者探究面临阻碍或者停滞时，教师就会通过开放性、针对性的提问，引发幼儿发散性思考，助推解决问题，支持幼儿游戏深入开展。

3.看见发展，拓展游戏内容。在游戏中可以看出，孩子们一直保持着开心、愉快、积极探索的状态，表现出主动参与、乐于交流等良好的学习品质。在后期游戏中，教师抓住幼儿游戏的困惑或者生发点，引导幼儿拓展游戏的内容，达到深度探索和学习的目的。

（杭州市钱塘区景苑幼儿园　郝丛）

迎"篮"而上　乐享"球"中

视频二维码

▶ 案例背景

本园是一所体育特色幼儿园，晨间体能锻炼时，中大班的幼儿可以混龄自主游戏，参与锻炼。在篮球比赛时，幼儿遇到困难，情绪失落，对篮球的兴趣逐渐降低，不愿参与。教师在幼儿遇到困难时，充分挖掘篮球区的教育价值，巧妙运用勋章，引领幼儿参与讨论、挑战，逐步提升幼儿在篮球区的运动技能。

▶ 案例描述

体能锻炼开始了，幼儿纷纷拿起篮球开始练习拍球和投篮。过了一会儿，比赛提示音响起来了，奕成第一个跑到教师身边，举手想要参加篮球赛，穿上篮球衣的他，特别兴奋，一直跳个不停，嘴里也一直念叨着"大一，大一，勇夺第一"的口号。

随着哨声响起，篮球赛正式开始，今天是大一班和大六班的幼儿参与比赛。奕成和小伙伴们一起对抗着大六班幼儿的进攻，但是，大六班的杭杭实在是太厉害了，没一会儿，就进了三个球，而奕成队一个球也没有进。奕成非常气愤，双手捏拳，冲过去想要抢杭杭的球。可是又抢不过，奕成跺起脚来，着急地上前抱着杭杭，不让杭杭拿球，杭杭也同样着急地喊了起来："老师，他抱人，他犯

115

规！"一瞬间，奕成急得哭了起来，伤心地说："杭杭，你太厉害了，大一班都快要输了！"杭杭说："那你也不能抱着我啊，要想办法抢球。"奕成难过地说："我抢了，抢不过啊，我的球老是掉，我再也不要打篮球了！"

▶ 行为分析

1.心理方面：上学期的足球赛，奕成班是年级组第二名，幼儿对足球有较高的兴趣，奕成也是足球队的主力队员，非常自豪。但是这学期在篮球区运动时，和其他班比赛时却连输了好几场，奕成情绪失落，对篮球的兴趣逐渐降低，一提到比赛就灰心，闷闷不乐，不愿参与。

2.技能方面：其实分析一下幼儿在篮球区的运动情况，他们从小班开始就练习拍球，经常定点练习拍球，进行拍球比赛，因此，已掌握了一定的拍球技能，但是在篮球比赛中缺乏行进拍球、投篮、协作传球等技能，往往是几个幼儿挤在一起，追着球跑，缺乏团队合作能力，才会在比赛中失利。

支持策略

1.勋章引领，参与挑战

为了让幼儿的运动技能有所提升，也为了增强幼儿参与篮球比赛的积极性，根据不同的勋章为幼儿制定了不同技能等级的挑战。一星的等级要求为拍球绕竿不漏竿，不掉球；二星的等级要求为定点投篮投进两球；三星的等级要求为两两合作，在行进中传球。不同的等级要求对应不同的技能勋章，挑战成功可获得相应的技能勋章。同时，针对幼儿在运动中的表现，颁发不同意志品质的勋章。

通过勋章的引导，奕成又有了参与篮球区挑战的兴趣，喜欢参与篮球区的技能练习。他最喜欢从一星开始挑战，两两比赛快速绕杆，虽然偶尔会有掉落球的现象，他也不会气馁，而会继续坚持练习，再也没有看到他发脾气、哭的场景，所以他得到一星勋章和一颗坚持的勋章。

成功后，奕成又迅速转移到定点投篮区，进行投篮挑战，挑战二星任务。在投篮的过程中，刚开始奕成会主动排队定点投篮，但是随着定点位置难度的提升，奕成就会往前站，或者要求摆近一点儿，又有点想放弃了。因此，教师对二星的等级要求进行了调整，让幼儿从近到远定点投篮挑战，成功两次就能拿到勋章；相对于投篮能力弱的幼儿，也适当调整挑战距离，让幼儿也能获得成功的喜悦。奕成也挑战成功，获得了二星勋章，更有参与的积极性了。

接着的传球训练，奕成也更加努力练习，与好朋友一起练习合作，他们从定点传球到行进传球，逐步挑战成功，两个人之间也越来越有默契，相互都能接住对方的球，获得三星勋章。

又一次和大二班的篮球赛中，幼儿竞赛激烈，特别是奕成更是在大二班幼儿带球。当球迎面而来时，奕成会拦截、抢球、快速传球、投射进球。同伴间配合默契，最终大一班获得胜利。奕成又得到了一个团结的勋章。

2. 运动讨论，提升技能

通过这三种不同的星级挑战，幼儿在运动技能上有了明显的进步，能在行进中快速运球，保持球不掉落。特别是在篮球赛的对抗中，幼儿在传球运动技能上提升了很多。但在观察中，我们也发现了其他新的问题。

两队幼儿在对抗上，不会抢球，阻拦对方。有的幼儿会抱着对方，不让对方上前；有的幼儿会扯对方的衣服，阻止对方前进。这些阻拦方法都是不正确的，在篮球规则里也属于犯规，幼儿缺乏这方面的指导，因此在后续的体能锻炼上，也加强了这方面的内容指导，突出对抗技能学习，在星级挑战中，又加入这方面的技能练习。

针对上述问题，教师和幼儿进行了"怎么抢篮球"大讨论。同伴间互相交流对抗对手的好方法。幼儿在活动中畅所欲言，思考哪些动作技能可以练习，同时把这个动作加入到星级挑战中，提升幼儿星级挑战的兴趣和抢球对抗的技能。

3.家长参与，助推体锻

在后续活动中，教师还可以充分利用家长资源，邀请家长助教或举行亲子篮球赛等，引导家长向幼儿传授自己打篮球的经验，既可以拉近亲子关系，又可以在专项技能上，引导幼儿，从根本上助推幼儿篮球能力的成长与提升。幼儿不会因为一点困难而放弃，迎"篮"而上，乐享"球"中，感受篮球运动带来的魅力！

（杭州市钱塘区景苑幼儿园 冯燕）

第三节　传统体育游戏案例

滚铁环——从"小圈"到"大圈"

视频二维码

▶ **案例背景**

　　滚铁环是一项历史悠久的传统民间体育游戏，深受孩子们的喜爱。孩子们在游戏中进行讨论与尝试，自主设计出了滚铁环的一系列玩法。教师顺应幼儿探究欲望，鼓励幼儿自主探索，弘扬民间传统游戏，与时俱进，为传统体育游戏注入创新玩法。

▶ **案例描述**

　　户外活动时，悦悦从器械筐中取出一套铁环，自己玩了一会儿。这时，她看到一旁的多多和小玲正在搭积木，她站在旁边看了一会儿，问多多："你可以借我几个积木吗？"多多想了一会儿，递给悦悦几块长方体小积木。悦悦又从器械筐中取出一块长板，用小积木把长板的两端垫高，她尝试着在长板上进行滚铁环游戏。起初，铁环总是掉下来，慢慢地，悦悦走得越来越稳。

　　这时，一旁的多多和小玲也走了过来，"你真厉害！可以教教我吗？""当然可以！我们一起玩吧！"悦悦又取出两套铁环，分给多多和小玲，三个人一起玩儿了起来。过了一会儿，多多说："我们来做点其他的路吧！"小玲想了想，取出几块万能点，摆在地上。"只能从桥上过，千万不能掉到小河里！"悦悦也拿来几块积木，快速搭建起来。"可千万要绕开我们的城堡。"随后，三个人排好队依次开始了自己的"冒险"。之后，孩子们又商量出了一种接力玩法，三个人共用一个铁环，在尝试保证铁环不倒的同时，合作通过设计好的路线。

▶ 行为分析

1. 滚铁环是一种深受孩子们喜欢的民间传统游戏，具有很强的自娱性，有助于提高幼儿的平衡性、肢体的协调以及眼力，促进孩子运动能力的提高以及协调性的发展。今天的滚铁环游戏增强了孩子手眼的配合能力，提高了他们手部肌肉的灵活性和身体的平衡性。在活动中，孩子们掌握了手部握、拉、捏、推等基本动作。

2. 在游戏中，悦悦能够通过观察发现其他可以利用的材料，添加到游戏中，并与同伴进行合作游戏。

3. 活动中，多多和小玲能够根据自己的需要对玩法进行创新，让游戏形式变得多样。

▶ 支持策略

1. 滚铁环游戏包含多种手部基本动作，可以促进幼儿手部精细动作的健全发展，可以帮助他们通过触摸、感觉，促进知觉完整性及具体思维的发展。教师可以鼓励幼儿尝试多种花样玩法，增进游戏的趣味性，维持幼儿的兴趣，使其得到持续性的锻炼。

2. 教师做幼儿游戏中的观察者、支持者、引导者。为幼儿提供多种材料，如长木板、锥形桶、标志牌等，创设能够支持幼儿游戏的良好环境，鼓励幼儿创新游戏玩法，主动社交，让幼儿在游戏中提高社会交往能力和语言表达能力。

3. 在后续活动中，教师还可以引导幼儿进行多种形式的游戏方式，如接力、障碍赛等，增强幼儿的抗挫力。教师还可以引导家长加入亲子游戏活动，在进行体育活动的同时，增进亲子之间的情感，帮助家长更好地了解幼儿的发展情况，学习有效陪伴的好方法，形成家园合力，共同促进幼儿全面发展。

（石家庄市桥西区第三幼儿园　马昕雨）

微信扫码
- AI 教学助手
- 内容图谱
- 知识图卡
- 保育笔记

趣玩跳皮筋

▶ **案例背景**

班里的孩子们最近喜欢上了一种经典的传统民间游戏——跳皮筋。嘴里念叨着朗朗上口的小儿歌，脚底下跟随着儿歌节奏在皮筋上跳动。刚开始接触跳皮筋的时候，孩子们特别兴奋，一根简简单单的小皮筋，竟然还可以这样玩。教师追随幼儿的兴趣，鼓励幼儿自由探索、创造属于自己的跳皮筋游戏。

▶ **案例描述**

户外活动时，萱萱和几个好朋友抱成一团，商量着一起跳皮筋。萱萱说："明明，我教你一种新的跳皮筋的方法。怎么样？"明明说："好。""那就这么定。"萱萱说道。

在萱萱的"指挥"下，小伙伴们便开始跳皮筋了。两人撑皮筋，萱萱示范玩法。只见她站在皮筋一侧，抬起靠近皮筋一侧的脚，跨过皮筋，点地，顺势脚尖后踢卷绳，轻轻松松地将橡皮筋缠绕在了腿上，之后反向操作，橡皮筋又恢复了原样。起初，萱萱跳一次，明明跳一次，没跳几下，明明说："皮筋太高了，我的脚都抬不了那么高，太难了。"

休息片刻后，萱萱看了看皱眉的明明，随后转身，调整了皮筋的高度，"这样呢？"萱萱指着降低高度的橡皮筋问明明。这次还是萱萱跳一下，明明跳一下，整个过程萱萱边说边跳边教，高度降低之后，难度也比之前有所降低，明明的眉头也慢慢地舒展开来。

负责撑皮筋的两个小朋友说："我们也想玩儿。"小朋友们都想玩，没人撑皮筋可怎么办呢？

"有了！"只见萱萱说完之后，招呼着小伙伴到班里搬了两把小椅子。"这问题不就解决了吗。"萱萱一边摆弄着小椅子一边说。孩子们借助不同数量的小椅子撑皮筋，变换着皮筋的造型，探索着不同的跳法，玩得不亦乐乎。

▶ 行为分析

1. 跳皮筋是一种非常典型的民间游戏，取放方便，操作简单，趣味性和灵活性都很高，有利于促进孩子多方面能力的发展。孩子们的跳皮筋游戏，增强了腿部灵活性，提高了孩子们的弹跳力和平衡能力。在游戏互动中，孩子们自然而然地掌握了跳、跨、绕、踩等腿部的基本动作。

2. 在共同游戏中，孩子的号召力会有不同。萱萱在活动中自始至终带领小伙伴们游戏，小伙伴们也喜欢和她玩耍、交谈，说明萱萱有一定的组织能力，相比之下，明明在活动中显得较被动。

3. 活动中，萱萱能调整一成不变的玩法，同时能够寻求替代物来解决游戏中发现的问题，让每个小朋友都参与其中，体验游戏的快乐。

▶ 支持策略

1. 跳皮筋有压、跨、踩、挑、绕勾、掏、碰、踢等十多种腿部基本动作，教师应鼓励孩子们将这些基本动作穿插组合、排列变换，

126

尝试不同的精彩花样，促进身体素质得到全面发展。

2.将游戏的主动权还给孩子，让幼儿成为游戏真正的主人。简单多变的橡皮筋成为幼儿自主探索的材料，发展幼儿身体协调能力的同时，锻炼同伴合作能力、交往能力等。

3.在后续活动中，教师还可以充分利用家长资源拓宽游戏玩法，如引导家长向幼儿传授自己跳皮筋的经验，既可以拉近亲子关系，又可以丰富幼儿的活动内容。

（石家庄市桥西区第三幼儿园　何琼）

"创"玩竹竿　"跳"出精彩

视频二维码

▶ 案例背景

假期过后，孩子们带着欢声笑语来到幼儿园，诉说着自己的假期趣事。欣怡小朋友说："我在云南大理看到过跳竹竿，幼儿园也有竹竿，我想跳竹竿。"孩子们一下子来了兴趣，都想要去跳竹竿。综合考虑到大班孩子们的年龄特点、兴趣点及经验需求，教师在传统游戏方面进行多方面的扩展，让孩子们自己去寻找所需材料，寻找伙伴相互合作以及商讨竹竿的不同玩法、规则等。

▶ 案例描述

户外活动时，根据孩子们自己活动前的规划，将竹竿摆在地面上，结合之前跳皮筋的经验，进行各种"跳竹竿"，大家两个或者三个一起共同跳竹竿。

阳阳说："这个跳竹竿就跟我们跳皮筋差不多吧！跳过去就可以。"

默默说："可以啊！我感觉超级简单。"

欣怡小朋友看到大家这样跳，说："我记得在大理旅游时看到的跳竹竿，人家竹竿是打动起来的，而且还有音乐。"

阳阳说："我们玩跳皮筋游戏时也有音乐，那不就是这样跳吗。"

欣怡说："我让妈妈把她们跳竹竿时的视频发给老师，一起看看吧！"

通过欣怡妈妈发过来的视频，孩子们看到了真正的跳竹竿传统游戏，个个拍手说好，并对传统游戏跳竹竿进行了调整。

萱萱说："跳竹竿就是那种进出进进出出的跳法呗！"

鹏鹏说："两边还要有小朋友拿竹竿，一会儿合一会儿开。"

"那咱们再一起试试吧！"紧接着，游戏中出现了一对又一对打竹竿的小朋友，还有喊着"进、出、进进出出"一起跳竹竿的。从孩子们的笑脸中可以看得出他们真的很开心。

▶ 行为分析

1."跳竹竿"，作为一种民间体育游戏，主要通过下肢活动，同时配合上肢，能达到锻炼身体的目的。这种游戏不仅对下肢肌肉、关节和韧带的发展有促进作用，而且对于提高弹跳力、灵敏性和协调性等身体素质也有明显效果。跳竹竿是一种需要多人协作的运动，通过共同参与，可以培养团队合作精神和协作能力。

2.本次游戏中孩子们共同商讨规则，根据游戏中出现的问题，完善了游戏的规则：两边要有小朋友拿竹竿，一会儿合一会儿开，还得步伐统一，"进、出、进进出出"。游戏中，孩子们的规则意识进一步增强，跳竹竿的能力进一步提升。

3.活动中每个孩子都积极参与，为新游戏的玩法出谋划策，大家一起体验游戏的快乐。

▶ **支持策略**

1.跳竹竿有站桩、跨桩、跃桩、转身、跳跃、蹲下、跃起等基本动作，这些动作有助于幼儿骨骼、肌肉和关节的发育，锻炼幼儿的运动能力。幼儿在游戏中能够学会跟随节奏完成动作，这有助于培养幼儿的节奏感和音乐素养。

2.定期组织跳竹竿游戏活动，给幼儿提供展示和锻炼的机会，让他们在实际游戏中提高技能。创造轻松愉快的活动氛围，让幼儿在愉悦的情感状态下参与活动。

3.幼儿园要持续关注跳竹竿游戏的研究与创新。传统游戏与现代教育理念相结合，使跳竹竿游戏更具趣味性和教育意义。同时，让家长在日常生活中鼓励幼儿参与跳竹竿游戏，使幼儿在家庭环境中也能感受到传统文化的魅力。

（石家庄市桥西区第三幼儿园　李丹丹）

老鹰捉小鸡

▶ 案例背景

在和幼儿讨论传统民间游戏时，孩子们说出了"踢毽子""跳皮筋""滚铁环""丢手绢""跳格子""老鹰捉小鸡"等一系列好玩的传统民间游戏。在讨论的过程中，提到了一个问题：这些游戏需要什么器材？在归纳总结后，小朋友们惊奇地发现"老鹰捉小鸡"是唯一一个不需要器材就可以玩的游戏。这个时候有一个小朋友提出了问题："没有器材的游戏要怎么玩？不需要器材的游戏会好玩吗？"老师听了后，说："那我们就一起来玩一玩这个游戏，大家就知道啦。"

▶ 案例描述

因为是第一次和孩子们玩这个游戏，所以两位教师分别当起了"老鹰"和"鸡妈妈"，小朋友们扮演"鸡宝宝"。就这样，"老鹰捉小鸡"游戏正式开始了。

游戏过程中，"小鸡宝宝"们由于躲闪不及，很快被"老鹰"捉光了。游戏结束后，老师便组织幼儿讨论："为什么'小鸡'这么快就都被'老鹰'捉走了？"

这时，明明举起手来说："'小鸡'太多了，跑起来慢吞吞的，

'老鹰'跑得很快，就容易抓到'小鸡'，而且总有'小鸡'松开手，没有了'鸡妈妈'的保护，'小鸡'就更容易被'老鹰'捉住了。"

悦悦小朋友听了明明的话说："人太多了，我们可以分组玩啊。而且手要抓紧前面小朋友的衣服，不要随便松开手，这样就不会跑丢，被'老鹰'捉住了"。

讨论后，孩子们分为两组准备再次进行游戏。可是游戏还没有开始，新的问题又产生了。大家都想当"老鹰"或者是"鸡妈妈"，争来吵去的，导致游戏根本没法开始。这时候，老师问："每次游戏一组只能有一个'老鹰'或者'鸡妈妈'，谁有什么好方法能够解决这个问题呢？"

"可以点兵点将""可以抽签""可以轮流当"……孩子们你一言我一语地回答着。问题得到了解决，孩子们的游戏终于可以顺利地进行了。

行为分析

1."老鹰捉小鸡"游戏，幼儿在操场上能够快乐地奔跑、躲闪，使得幼儿的奔跑技能和快速反应能力得到了有效的锻炼。

2."老鹰捉小鸡"是"以一对多"的角色追逐游戏，"鸡宝宝"们人数过多，导致脱离"鸡妈妈"的保护范围随意跑散，造成"人多散乱"的局面。

3.明明和悦悦发现了游戏存在的问题，并提出了解决办法，说明在游戏中他们在认真观察，并有自己的想法和判断。

4.游戏陷入僵局后，幼儿自己提出了解决办法，说明幼儿具备了独立解决问题的能力。

支持策略

1."老鹰抓小鸡"的传统游戏规则与内容，限制了幼儿游戏的丰富性，因此，我们可以创设一定的情景，丰富游戏的内容，从而既保证了游戏原有的趣味性，又让游戏内容更加饱满，游戏过程更加丰富有趣。

2.孩子们在游戏中追逐躲闪，动作幅度大、力度强、速度快，使得身体一直处在高亢的紧张状态中，不利于幼儿的身心健康发展。因此，需要我们对幼儿运动量进行合理调整，让游戏张弛有度，更富有持久性和弹性。

3.孩子们在游戏中，能够发现问题并提出解决办法。因此，教师要相信幼儿，更多地给幼儿提供这种机会，发展幼儿的开放思维，培养幼儿独立解决问题的能力。

（石家庄市桥西区第三幼儿园　朱海侠）

微信扫码

AI 教学助手
内容图谱
知识图卡
保育笔记

丢手绢

▶ **案例背景**

丢手绢（又称为追手绢、扔手帕等），是中国乃至世界各地儿童喜爱的传统户外游戏之一，尤其适合在幼儿园及小学阶段的孩子们玩耍。它是中国广为流传的一种传统儿童游戏，其玩法简单、互动性强，深受孩子们的喜爱。

户外游戏时，几名幼儿进行追逐游戏。一名幼儿联想到民间传统游戏——丢手绢。他们在户外游戏时进行简单的尝试后，纷纷惊讶于一个手绢竟然可以这样好玩，引发了大家的好奇心和兴趣。教师顺应幼儿的兴趣，挖掘"丢手绢"游戏的教育价值，弘扬民间传统游戏，鼓励幼儿创造属于自己的"丢手绢"游戏。

▶ **案例描述**

游戏开始前，老师向孩子们详细解释了游戏规则：一名小朋友手持手绢（通常是一块小毛巾或丝巾），绕着圆圈悄悄地行走，同时唱起《丢手绢》儿歌。当歌曲结束时，他需要将手绢悄悄放在另一位小朋友的背后而不被发现。如果被放手绢的小朋友发现自己背后有手绢且在"丢手绢"的小朋友跑回原位之前未能察觉并追上，则需起身表演一个小节目，如唱歌、跳舞或讲个笑话；反之，若成功追上，则"丢手绢"的小朋友需要表演节目。

小明作为第一轮的"丢手绢"者。接过手绢后欢快地唱起《丢手绢》儿歌，歌声清脆悦耳，吸引着所有孩子的注意力。

小红刚开始并未察觉，但当周围的小伙伴窃笑并指向她身后时，她才惊觉自己"中招"。她迅速起身，一边笑着一边奋力追赶小明。然而，由于反应稍慢，小红未能在规定时间内追上小明。

根据游戏规则，小红需要为大家表演一个节目。在老师的鼓励下，她大方地为大家跳了一段可爱的舞蹈，赢得了大家热烈的掌声。随后，小红接过手绢，成为下一轮的"丢手绢"者，游戏继续进行。

▶ **行为分析**

　　1.身体发展：丢手绢游戏有助于锻炼孩子们的运动协调性、速度和敏捷性。他们在追逐过程中需要快速启动、急停、转弯，这对提升身体素质和反应能力大有裨益。

　　2.社交情感：游戏中的合作与竞争元素促进了孩子们的社交交往。他们学会关注他人行为、给予提示、共享快乐、接纳失败，并通过集体活动增进友谊。此外，表演惩罚环节提供了展示自我、增强自信心的机会。

　　3.认知发展：游戏规则的理解与遵守锻炼了孩子们的理解力和规则意识。他们在游戏中学习判断距离、预测对手行动，以及根据实际情况调整策略，提升了思维敏捷度。

　　4.情绪管理：面对胜负，孩子们表现出积极乐观的态度，无论是成功抓住对方还是被抓住，都能迅速调整情绪，投入到下一回合的游戏中，展现了良好的情绪调控能力。

　　5.整个游戏过程中，孩子们全情投入，充满欢声笑语。他们在追逐与躲避的过程中锻炼了反应速度和身体协调性，通过表演节目展示了个人才艺，增强了自信心。同时，游戏培养了孩子们的团队协作精神和公平竞争意识，使他们在轻松愉快的氛围中增进了友谊，享受了童年乐趣。

▶ **支持策略**

1.“丢手绢”游戏通过一系列简单而有趣的动作。例如：围圈蹲坐、行走或跑步、迅速起身与追逐、双脚跳跃等，有效地锻炼了孩子们的下肢力量、协调性、反应速度、敏捷性、跳跃能力和社交互动能力，是一种集运动、娱乐和团队合作于一体的综合性儿童户外活动。

2.将游戏的主动权还给孩子，让幼儿成为游戏真正的主人。简单的丢手绢成为幼儿自主探索的材料，发展幼儿身体协调能力的同时，锻炼同伴合作能力、交往能力等。

3.在后续活动中，教师还可以充分利用家长资源拓宽游戏玩法，如引导家长向幼儿传授自己丢手绢的经验，既可以拉近亲子关系，又可以丰富幼儿的活动内容。

（石家庄市桥西区第三幼儿园　闫伟园）

小房子里的大秘密

▶ 案例背景

　　散步时，幼儿园走廊上的格子图形引起了孩子们的注意。"你们快过来看，地上好多格子，我们可以来玩跳格子的游戏。""我知道，我知道，跳格子就是要跳到格子里面，不能踩到线。"小朋友们都好奇地围过来，引来了其他孩子的热烈讨论。"让我看看，我和妈妈玩过这个游戏，它叫跳房子！""老师，我也想玩跳房子！"基于孩子们对"跳房子"产生浓厚的兴趣，教师带领幼儿一起进行"跳房子"游戏的探索。

▶ 案例描述

　　班里的小朋友商量好了游戏规则：一个格子是单脚跳，两个格子是双脚跳。燕子在跳第三个格的时候是单脚跳，出现了失去平衡站不稳的现象，担任小裁判的沐沐着急地提醒道："小心呀，不要摔了。加油！你可以的。"

　　燕子说："不行的，我跳不过去，单脚跳好难呀！"

　　"你跳过来的时候先用脚尖点地，不要抬得太高。"沐沐一边说一边示范着。燕子学着沐沐的样子跳了过去。

　　在小朋友们熟练地掌握了跳房子的基本要领后，沐沐小朋友想出了新的玩法——抛物玩。她先实验了一下，把小玩具抛出去之后，要求有玩具的格子是不可以踩到的。有几位小朋友连续单脚跳三个格子都没有问题，但是个别小朋友单脚跳是来回换着脚跳。

晨晨说："我怎么和别人跳得不一样呢？为什么我不可以单脚连续跳？"

沐沐笑着说："晨晨你可以的，慢慢练，不着急。"说完晨晨又跳了一次，但还是不可以单脚跳，沐沐拉着晨晨的手慢慢教他。燕子学会了单脚跳房子的技巧，走过来和沐沐一起教晨晨。

行为分析

1. "跳房子"游戏玩法多种、跳法多样。其中涉及的动作不仅锻炼了幼儿跳跃、投掷、平衡、手眼和手脚协调等能力，还可以促使幼儿在轻松愉悦的氛围中得到发展。在游戏过程中，幼儿跳跃的动作，可以增强他们的下肢肌肉力量，帮助沐沐他们稳定身体。

2.在跳房子游戏中，沐沐乐于帮助其他的小朋友，甚至鼓励其他的小朋友完成动作。由于社会交往能力强，小朋友们乐于和她玩耍，非常信任她。在沐沐的带领下，燕子也受到影响，去帮助其他的小朋友。

3.活动中，沐沐能够加入一些简单的器械，调整跳房子的玩法，设计玩法和规则，让跳房子变得生动有趣起来。

▶ 支持策略

1."跳房子"游戏鼓励了幼儿可以开展不同形式和类别的跳法比赛，可以加入不同的器械与玩法，比赛的所有环节都是幼儿来参与。教师将游戏主动权交给孩子，让孩子自己策划，这样在发展幼儿身体协调能力的同时，也锻炼幼儿同伴合作能力、交往能力等。

2."跳房子"活动是一种游戏经验的迁移与拓展，教师要为幼儿提供自主活动空间，提供丰富多彩的材料，鼓励幼儿自主选择伙伴、选择材料、尝试玩法，同时学会在活动中体会与同伴协商、交流、分享的乐趣。

3.教师可以充分利用家长资源，拓宽游戏玩法，如引导家长向幼儿传授自己跳房子的经验，既可以拉近亲子关系，又可以丰富幼儿的活动内容。

（石家庄市桥西区第三幼儿园　张莹）

无法前行的龙舟车

视频二维码

▶ 案例背景

在室内晨炼活动中，一叶龙舟撞着墙始终没法前进。在晶晶的提醒下，大家齐心协力调整方向，使龙舟重新启动。龙舟的无法前行到成功调转方向向前的过程，是孩子们通过合作和互助的结果。团结协作是体育游戏中必不可少的运动品质，多数体育游戏是需要通过合作来完成的。在体育活动中创造机会让幼儿尽可能多地进行合作游戏，这样能够帮助幼儿去除自我中心，体验到体育游戏的快乐。

▶ 案例描述

室内晨炼时间到啦。走廊上摆放着两辆龙舟小车，一辆粉色，一辆绿色，每辆可以坐五人。一群孩子上去抢座位，不一会儿，两艘龙舟就坐满了孩子。

男孩 A 大叫着："来比吧，比一比看我们哪辆先到那边大门。"

"好呀，好呀！"

"我们要分成两队。"

"是的，这样我们就可以分出哪队胜利了。"

"可以啊，要不要就叫鳄鱼队和小猪队？"

"哈哈哈哈，这也太难听了。"

"这是划龙舟啊，前几天端午节我在老家看到了，很像的。"

"这是龙舟车吗？"

"有点像。"

"那是龙舟车的话，我们就分成绿色队和粉色队吧！"

"可以，前进。"

就这样，正式的划龙舟比赛开始了。绿色龙舟车上的五个孩子用脚向前滑行，起初非常顺利，在粉色队的前面。划着、划着，龙舟越来越靠近走廊墙面。五名孩子的脚在不断地用力滑行，"嘭"的一声，龙舟车车头撞到了墙面。

男孩 B："啊，他们到前面去了！"

"啊，不可以，不可以！"

"快呀，你们用力啊！"

"快，快，快！"

五名孩子一边讲一边用力划，龙舟车还是撞着墙面，一动不动。这时候，粉色队从边上划过，顺利达到了终点。

这时候，边上看大家比赛划龙舟的晶晶突然跑过来，开始拉龙舟车。一边拉，一边说："快，你们撞墙了，快点离开墙。"

五个孩子听到后，没有站起来。

晶晶："你们这样不对，要拉开，你们起来呀！"

听到晶晶的提示，男孩 A 站起来，拉了拉把手，车子一动不动。

男孩 A："快点啊，快，站起来呀！"

这时候，其他四个孩子听到，都站了起来，拉了拉把手，龙舟车动了，车头的男孩 A 调整了方向。大家看到龙舟离开了墙面，就快速地划了起来。终于，龙舟车继续前进了……

▶ **行为分析**

1.这是一个需要通过合作来完成的比赛。首先，龙舟要前行，就需要大家齐心协力地划龙舟；其次，在遇到困难的时候，龙舟靠着墙体无法滑行，光靠一个人是不能使庞大的龙舟转方向，需要集体合作将车子提起调整方向才能继续前行。

2.在游戏活动中，孩子们非常有竞争意识，看到两辆龙舟就想到要一起比赛，其中不乏号召力和领导力的孩子。说明孩子们的水平参差不齐。

3.孩子们乐意讨论和交谈，互相商量游戏规则，一致前行。

4.在游戏中，晶晶作为游戏的观察者，提示绿色队应该离开墙面，而坐在龙舟上的孩子明显在这个环节缺乏了团队意识，没有及时思考问题的症结。

5. 从游戏中，孩子们参与其中，乐在其中的样子，说明每个孩子都体验到了划龙舟比赛的快乐。

▶ 支持策略

1. 本次划龙舟比赛中，脚步滑行是最主要的动作，整齐划一的脚步是比赛成功的关键之一。说明鼓励幼儿进行腿部脚部的锻炼十分重要。

2. 另外，整齐划一需要团队的合作，可以教孩子喊口号的方式提示团队一致用力，这样前行的速度会更快。

3. 在龙舟出现状况的时候，如案例中，车子方向偏并撞向墙面时，需要集体的力量才能使得整个车子调整到正确的方向，所以运动中合作是非常重要的，需要不断向孩子们灌输合作精神，帮助孩子们去除自我中心。并且告诉孩子们当问题产生时，需要集思广益，也要明白一个道理：一个人前行可能会比较快，但一群人的力量会行得更快。

4. 在后续的活动中，教师还可以充分利用视频或者孩子们的演示，引导幼儿集体正确划龙舟的经验，丰富孩子们室内晨练的内容，培养孩子们的运动品质。

（杭州市钱塘区苑幼儿园　周雅瑛）

第四节　健康活动案例

小身体　大奥秘

视频二维码

▶ 案例背景

　　进入大班，孩子们惊奇地发现自己长大了，身体也发生了一些不一样的变化。"身体"的话题对于他们来说既熟悉又神秘，同时有些幼儿提出了各种各样的问题。例如：身体是怎么组成的？我是从哪里来的？我的身体里都有什么？它们都有什么作用？孩子们慢慢对一些身体现象感兴趣，加之有些幼儿也出现了各种各样的身体健康问题。为什么辰辰戴上了眼镜？为什么琪琪那么瘦？为什么宁宁的牙齿是黑色的？孩子们一起开启了"身体探秘"之旅，从幼儿常见的健康问题出发，激发他们对身体各种现象和问题的好奇，引导他们一起探索身体的秘密。从身体外部帮助幼儿客观地认识自己、了解自己并学习如何保护自己，养成健康的生活习惯。

▶ **案例描述**

假期回来后，孩子们看到自己的好朋友很是兴奋，他们发现有些小朋友发生了变化。沐沐："辰辰，你的眼睛怎么了？你为什么戴上眼镜了？"

辰辰："医生说我的眼睛是散光，需要戴上眼镜进行调整，医生还告诉我要多去外面看看绿色的事物，这样对我的眼睛有帮助。"

悦悦："琪琪，我们一起比比个子吧！妈妈说我长高了呢！琪琪你看你没有我高，我妈妈说要多吃蔬菜、水果，对我们的身体好。还要多吃饭，这样我们就能长得很高很高，就可以保护我们的爸爸妈妈了！所以琪琪，你也要多吃饭，我们一起长高。"

宁宁："洋洋，你知道吗，我长蛀牙了。我的牙齿每次吃东西的时候都会痒痒的，很不舒服。然后我的妈妈带我去看牙医了，医生说我要坚持刷牙，饭后要漱口，你也要做到哦，不要像我一样长蛀牙，真的很不舒服。"

▶ **行为分析**

幼儿通过发现自己以及身边小朋友们身体上的变化，从而对人自身充满了探究的欲望。教师及时抓住幼儿的关注点，让幼儿观察与身体有关的活动，在游戏化的情景中激发幼儿探索人体奥秘的兴趣，培养幼儿从小接纳自己、关爱自己的情感，促使幼儿萌发健康意识。

▶ **支持策略**

1.我的身体。幼儿通过了解自己从哪里来、成长中的变化以及身体大揭秘的形式，来探究自己的身体，了解自己的身体。教师以图片动画的形式让幼儿了解"我从哪里来"并引导幼儿了解自己的身体，以直观探究的方式，关注身体的特别之处和内隐秘密，如牙齿的秘密、眼睛的作用、身体里的器官等，在轻松有趣的游戏活动中探究身体的秘密，增进自我体验和自我认同。

2. 小身体，大本领。重在让孩子挑战自己的身体，关注自我能力的成长。以"我的身体，本领大"引发幼儿对身体挑战的兴趣，通过开展体育锻炼游戏，让幼儿挑战自己的身体，关注自我能力的成长。比如通过"钻山洞，攀爬架，体能大循环"的游戏，让幼儿在游戏当中，探索自己的身体机能，了解不同的身体动作。

3. 保护身体。主要让孩子知道保护自己身体的一些方法，养成健康的行为习惯。与食育相结合，围绕合理的营养需要、健康的生活方式和自我保护的意识，幼儿通过食育活动、健康歌、安全伴我行等活动，逐渐获得健康积极的生活体验与自我保护意识，积累成长经验。

（石家庄市桥西区万科翡翠园幼儿园　赵烁）

自我保护有妙招

视频二维码

▶ **案例背景**

在户外活动中，班级进行的是小山坡自主游戏，小朋友针对如何从山坡上滑下来想了好多的办法，比如直接用小屁股滑下来、使用滑板车等等。在实际操作中，却遇到互相碰撞等问题，引发了幼儿的思考：如何才能安全地滑下来，既能保护自己，又不伤害到其他人呢？由此，幼儿挖掘了自我保护的各种方法。

▶ **案例描述**

户外活动时，安安和小朋友们在山坡上玩耍。安安说："我们用滑板车滑下来吧！"

"我想让球从上面滚下来。"

"行，那我们一起上去吧。"

几个小朋友纷纷爬上了小山坡。刚开始，安安和硕硕选择了同一个地方。安安用滑板车往下滑，他们让皮球也跟着往下滑，滑板车总是会和皮球撞到一起。

硕硕说："我们把滑板车和皮球分开滑吧，滑板车在这边，皮球在那边，这样就不会撞到一起了。"按照硕硕的方法玩，滑板车与皮球真的不相撞了。

接下来，安安和敏敏一前一后都带着滑板车往下滑。在下滑的过程中，两个滑板车越来越近，最后紧挨着滑了下来。安安说："这太危险了，我刚刚差点就把你撞倒了。"

敏敏说："那我们下次往下滑的时候离得远一点儿。"

彤彤说："刚刚我下来的时候，安安带着车走过，我差点就撞上去了。"

天天说："那我们分一下工，我来做小指挥，一辆车出发之后，另一辆车再出发。"

安安说："那我来当小警察疏散人群吧！"

商量好之后，小朋友们又重新开始了游戏。安安在下面指挥滑下来的小朋友及时离开小山坡，"不能从这上去，小朋友滑下来会撞到你的。"天天在上面指挥小朋友有序地滑下来。

▶ **行为分析**

1.小山坡游戏是安吉游戏的一种，具有操作简单、形式多样的特点，不同年龄阶段的幼儿会有不同的方式进行游戏，能够有效地促进幼儿各方面的发展。在滑坡游戏中，增强了幼儿掌握平衡的能力，大大锻炼了幼儿胆识，在活动过程中，孩子们掌握了爬、攀、蹬、滑等基本动作。

2.活动过程中，幼儿善于发现问题，解决问题。安安在发现问题时，及时和小朋友进行讨论、交流，一起寻找解决问题的方法。天天根据小朋友提出的问题，及时找出对应方法，善于总结，能够让小朋友信服。

3.游戏中，幼儿在与小朋友交流的过程中，学到了基本的自我保护能力，将球和滑板车分开，降低滑板车滑行过程中遇到阻碍的风险；进行分工指挥，既能保证幼儿安全地滑下来，也防止了撞伤他人的可能。

▶ **支持策略**

1.通过绘本或动画等活动，让幼儿了解自己的身体，了解该区域活动中存在的安全隐患，让幼儿去发现，并通过讨论了解该如何进行自我保护。通过这样的方法，让幼儿对安全有了更明确的理解和认识，从而更安全地保护自己。

2.将游戏的主动权还给孩子，让幼儿成为游戏真正的主人，简单的小土坡在孩子的想法下也变得形式多样，不仅仅可以滑下来，还可以把球带到高处，让球从上面滑下来。

3. 在后续活动中，教师可以利用各种资源，引导幼儿进行思考：保护自己的方法还有哪些？引导家长向幼儿传授在玩游戏的过程中，如何保护自己又能保护他人，既可以拉近亲子关系，又可以增加幼儿的经验，学会自保。

（石家庄市桥西区万科翡翠园幼儿园　郭旭田）

"手"护健康

视频二维码

▶ 案例背景

点心时间，小九跑过来问："老师，为什么我们在吃东西之前要洗手呀？"我回答："因为在吃东西的时候，你就会用到小手，如果不把上面的细菌洗掉，细菌就会进到肚子里，我们就会生病的！"在幼儿一日生活活动中，洗手是一个重要的环节。《指南》中指出：3～4岁幼儿应当养成每天饭前便后洗手的良好卫生习惯，并且方法基本正确。因此，我针对班级幼儿存在不爱洗手和洗手不认真、敷衍了事的情况，选择视频、洗手歌、绘本等素材，帮助幼儿了解细菌的危害、知道勤洗手的重要性，使其掌握洗手的正确方法，逐渐养成讲卫生的好习惯。

▶ 案例描述

片段一：午餐过后，小朋友们都在有序漱口。这时，传来"咚"的一声。原来是朵朵因为地上有好多水，摔跤了。这几天，小朋友们老是在厕所摔跤，为什么呢？带着疑惑，我决定弄清楚。今天洗手的时候，我站在那悄悄观看，原来是叶子把洗手的泡泡甩到地上，导致地面湿滑。叶子之前洗手是最干净的，经常得到老师的表扬。为什么叶子这一段时间会把泡泡甩到地上呢？与孩子聊天中，我发现因为老师表扬她的小手洗得最干净、最香，所以就会用很多洗手液，想把手洗得更干净，结果本末倒置了。因为太多泡泡沾到手上，手老洗不干净，她就想多甩几次，把泡泡甩掉，结果把泡泡液弄到了地板上，小朋友都不好走路了。

片段二：教育活动结束后，在老师"小便、洗手、喝水"的提醒下，幼儿推推挤挤地来到盥洗室。萌萌跑到洗手池旁打开水龙头，冲了一下手，关上水龙头，离开水池去喝水。整个洗手过程不足五秒钟，水滴顺着小手滴得到处都是。牧牧和点点边搓泡泡边打闹，比赛谁的泡泡多，你给我一点泡泡，我给你一点泡泡，水龙头没有关闭还在哗哗地流着。后面排队的小朋友左顾右盼、推推挤挤，牧牧一边搓一边说着："我还没洗完呢。"

▶ 行为分析

1.受幼儿年龄特点的影响。一方面，小班幼儿年纪小，缺乏生活知识与经验，方法欠缺，还没有学会洗手的正确方法。另一方面，幼儿活泼好动，注意力容易分散，往往不能长时间关注一件事情。这些特点导致洗手经常出现玩水、打闹、敷衍了事、弄湿衣袖与地面等情况。

2.幼儿清洁意识不够。由于认知发展水平有限，小班幼儿缺乏对卫生、细菌等相关概念及其因果关系的了解，不能引起他们的重视和正确对待。

▶ 支持策略

1.创设指向性环境，提示幼儿行为。在盥洗室张贴七步洗手法的流程图，帮助幼儿学会正确洗手方法，在幼儿洗手时可以播放。

2.通过开展"细菌大作战"和"小猫生病了"等一系列主题活动，提升幼儿已有经验，培养幼儿清洁意识，可以促进幼儿各方面发展。

3.家园合作。幼儿良好的卫生习惯离不开老师和家长的共同监督。教师和家长要统一标准，双方相互配合，共同培养幼儿良好卫生习惯。

（石家庄市桥西区留村家园幼儿园　高清博）

微信扫码

● AI 教学助手
● 内容图谱
● 知识图卡
● 保育笔记

营养水吧趣事多

视频二维码

▶ 案例背景

班级中开设"营养水吧"专属区域，幼儿园提供各种食材，如山楂、柠檬、百香果、菊花、枸杞等供幼儿自主选择搭配可口的营养水。在一次喝水过渡环节，有小朋友发出提议："如果我们把这些材料都泡水了，那会有什么效果，水会不会很好喝？"由此，幼儿自主开展"自制暖心茶"活动。

▶ 案例描述

自从幼儿提出把营养水吧的原料混合在一起喝的提议，激发了很多幼儿的探索欲望。唐唐从家里带来了玫瑰花和桂圆干，他说："妈妈总在家里喝玫瑰花，她说用玫瑰花水泡茶对皮肤好，桂圆是补气的，会让人更有精神气，所以我带来幼儿园和小朋友分享。"这引起班级幼儿都想要尝试的兴趣。在"自制暖心茶"活动时，孩子们把上午加餐的雪梨也拿出来放在配水区。区域里今天有山楂、柠檬、百香果、菊花、枸杞、冰糖、雪梨、玫瑰、桂圆。老师抛出问题："今天，你们想调制什么营养水呢？你们调制的水有什么功效？区域里为你们提供了许多水果原料和鲜花原料，这些材料又应该放多少呢？区域里有配料表可以供大家记录，一起行动起来吧。"

唐唐在和果果一起制作的时候，果果说："咱们放几朵玫瑰花？喝得多了，咱们会不会一下变回小宝宝？"唐唐笑着说："我妈妈说玫瑰花对皮肤好，但不会喝完就变成小宝宝啦。咱们今天先学着妈妈放两朵尝一尝吧。"果果说："那咱们再放一点山楂吧，山楂可以助消化；再放一点冰糖。咱们做好了给张老师分一点儿，让她也变得更年轻吧。"

在游戏分享环节，孩子们分享自制的营养水，有的幼儿自制了冰糖山楂水，可以帮小朋友开胃；有的幼儿自制了雪梨百香果水，能在春天帮助小朋友提高免疫力。在分享环节，孩子们都说出自己制作营养水的功效。根据这一次游戏分享，孩子们又提出新的建议：春天我们喝什么水对身体好呢？那四季是不是都可以调制不同配方的营养水？除了花原料和果原料，小朋友可以适当喝一下茶原料吗？营养水吧每天都在发生有趣的创意，随着孩子们一层层深入地探索研究，水吧里趣事也一直在上演……

▶ **行为分析**

1.《纲要》中指出：幼儿园健康教育是要根据幼儿身心发展特

点，通过适宜有效的多种活动，提高幼儿的健康认识水平，改善幼儿的健康态度，培养幼儿的健康行为，最终使幼儿形成健康的生活方式。所以在一日活动中，培养幼儿自主养成良好的按需喝水的习惯十分重要，幼儿园通过开设"营养水吧"，让幼儿能根据自己身体需要喝水、根据季节特征和变化调整喝水，从而形成良好的健康饮水习惯。

2. 在调制营养水时，孩子们根据材料的不同功效，根据自己的身体需要制作出适合自己的健康水，并且能够和同伴一起探讨、分享自己的配料。针对一些不清楚的食料功效，幼儿能积极地展开自主调研。日常生活中，部分幼儿不爱喝水，因为开设"营养水吧"后，喝水变成了一件快乐的事情。

▶ 支持策略

1. 生活中蕴含着丰富的教育资源，生活即教育，生活即课程。幼儿园一日生活贯彻课程游戏化的精神，幼儿的探究学习随时随地发生着。教师从幼儿的兴趣出发，引导幼儿搭配营养可口的健康水，激发幼儿喝水兴趣，养成良好的喝水习惯。

2. "营养水吧"区域游戏，幼儿还在持续探索中，针对不同节气、食材功效，幼儿还在研发新的配方，除了幼儿自己饮用水，他们调制了女士、男士、老人专用配方送给幼儿园里的老师、食堂师傅、家长等。遇到困难和不清楚的问题，幼儿会通过查阅资料、寻求家长、专业人员的帮助解决。通过培养，幼儿良好的健康习惯一步步把健康生活理念播撒在幼儿心中。

3.在家园共育活动中，充分发挥家长资源，调动家长参加活动的积极性，邀请食育专家入园为幼儿讲课；幼儿在家中进行访问调查，调研家人喜好和身体需要，为他们制作"爱心茶"；幼儿园通过举办家长开放日活动，让家长参观幼儿在园生活，特别是幼儿饮水环节，学习教师的指导方法，让幼儿在家也可以制作有趣的饮水记录。家园合力，助推幼儿养成良好的饮水习惯。

（石家庄市万科翡翠园幼儿园　张文欣）

不挑食的好宝宝

视频二维码

▶ 案例背景

《指南》里指出，幼儿时期是儿童身体发育和活动技能的发展最为迅速的一个时期，为了更加有效地促进幼儿的身体健康与活动技能的发展，成人应该为幼儿搭配出营养均衡的一日三餐。小班幼儿存在着一些不好的习惯：有些幼儿吃饭吃得很快，还没吞下去就往嘴里塞；有些幼儿却在挑挑拣拣，捧着饭碗东张西望；更有一部分幼儿存在挑食偏食的习惯。通过活动，帮助幼儿懂得不挑食的重要性和养成不挑食的好习惯。

▶ 案例描述

镜头一：

今天午餐是糖醋鲷鱼、香芹炒豆干、南瓜粥，小朋友们陆续洗完手走进教室，自己排队取餐回到座位上安静地吃起来。这时，一个声音传过来，"老师，铭铭不吃芹菜。"老师轻轻走过去，涵涵立刻说："老师，铭铭把芹菜都扔在残渣盘里！"铭铭抬头说："老师，我不想吃芹菜。"老师看到残渣盘里已经有好几块芹菜了，蹲下对铭铭说："你试一试，芹菜味道很好的！芹菜有丰富的营养，吃了能让身体强壮哦！"铭铭看着老师，很不情愿地把一块芹菜片放到了嘴里，嚼了几下，最后还是吐出来……到收餐时间，铭铭碗里剩下的全是芹菜。

镜头二：

收餐时间到了，悠悠手里握着勺子边吃边玩，挑起一口饭，吃了两口又放下。挑起菜放到嘴边碰了一下又放到碗里。这时老师走过来，轻轻道："快点吃哦，你看你碗里还剩那么多！"悠悠说："今天的菜我不爱吃，我不想吃。"老师问："那你爱吃什么菜呢？"悠悠说："我只喜欢喝粥，我不爱吃菜和肉。"

🔽 行为分析

1.幼儿年龄比较小，消化能力比较弱。像铭铭和悠悠这样不吃芹菜或是蔬菜肉，或只吃一点等现象较为普遍，主要原因是这些菜属于粗纤维，现在很多孩子咀嚼锻炼少，消化能力薄弱，面对不好咀嚼的食物就不爱吃。

2.父母娇惯孩子，对孩子有求必应，放任孩子的挑食、偏食行为。

首先，面对孩子不爱吃的食物，家长怕麻烦或是怕孩子哭闹，选择妥协，认为孩子不愿意吃就不吃。其次，家长娇惯孩子，经常带孩子吃一些零食或洋快餐等，导致孩子没有养成良好的饮食习惯。

▶ **支持策略**

1.集体活动

通过绘本《多多什么都爱吃》《了不起的蔬菜》《多吃蔬菜不挑食》等开展集体教学活动，利用生动的图片和有趣的故事，帮助幼儿了解蔬菜的多种营养，鼓励幼儿多吃蔬菜、不挑食，让幼儿知道挑食对身体不好。当幼儿遇到不喜欢的食物时，教师要进行正面引导鼓励幼儿，让幼儿一点点尝试，帮助幼儿慢慢改掉挑食、偏食的习惯。

2.区域设置

在图书区多投放一些健康领域的绘本故事，帮助幼儿了解各种蔬菜的营养，引导幼儿多吃蔬菜、不挑食；在表演区可以进行情境表演，让幼儿体会挑食、偏食会对小朋友的身心产生什么样的影响。

3. 日常引导

（1）请幼儿每天进餐前介绍菜谱，并说一说每样蔬菜的营养价值，鼓励小朋友们不挑食。

（2）树立榜样的作用。

大大称赞不挑食的孩子，从而影响挑食的小朋友正确饮食。

4. 家园共育

及时与幼儿的家长进行有效沟通，帮助家长了解偏食对于幼儿生长发育的影响，帮助幼儿逐步养成良好的饮食习惯。

（石家庄市桥西区留村家园幼儿园　张宁）

微信扫码

AI 教学助手
内容图谱
知识图卡
保育笔记

保护自己，勇敢说不

▶ 案例背景

　　乐乐是一个文静的男孩子。从小班开始，乐乐就不怎么爱主动和小朋友交往；和老师聊天时，说话也是慢慢的、轻轻的。和乐乐形成鲜明对比的是班级里另外一个男孩子——满满。满满是个非常活泼好动的男孩子，常常冒出很多有趣的游戏点子，但也爱"破坏"别人在玩的玩具。有一次，乐乐妈妈对老师提出了"要求"：不要让乐乐和满满一起玩……

　　通过和乐乐妈妈的沟通，了解到：大班刚开学不久，乐乐连着两周回家和妈妈"诉苦"——满满总是爱抢乐乐的玩具，乐乐有点害怕满满。对于乐乐妈妈的诉求，老师并没有马上答应，决定先好好观察两位小朋友的交往行为。

▶ 案例描述

　　片段一：满满把我的玩具丢了

　　一天中午，老师正带着小朋友们散步，突然传来了一阵哭声。"怎么啦？"老师停下脚步一边问，一边查找哭声的来源。只见乐乐一个人站在兔子小屋对面哭。老师走过去问："乐乐，怎么啦？"乐乐边哭边说："满满把我的东西抢走丢掉了。"此时，满满也来到了乐乐身边。"乐乐这个东西是地上捡来的，不卫生，不可以玩的，所以我才把它拿过来丢掉的。""那你和乐乐说了地上捡的东西不卫生了吗？"老师问。满满摇摇头："没有。""那我们现在应该做什么呢？"老师接着问。"乐乐，对不起，我去帮你找回来。"说完，满满在草丛中找了起来。不一会儿，满满就找到了乐乐的玩具。乐乐停止了哭泣，两个小朋友又玩在了一起。

片段二：满满，你好厉害呀！

区域游戏中，满满正玩着电子拼搭积木，乐乐看到后，主动来到满满身边，轻轻地问："满满，你在做什么？"满满："我在设计电路。"说着，满满一边看着说明图，一边拼搭积木。乐乐就一直在满满身边看着。很快，电子积木拼搭好了。当满满按下开关按钮后，响起了《生日快乐歌》，此时的乐乐瞬间瞪大眼睛，张大嘴巴，一边拍手一边说："满满，你好厉害呀！"

片段三：我该怎么办？

晨间自主游戏时，乐乐和甜甜正坐在自己的座位上搭着积木，很快甜甜就搭了很大一个作品。甜甜："乐乐，你帮我保管一下，我去跳绳打卡。"乐乐同意了。不一会儿，满满来到乐乐旁边，拿起积木想往甜甜搭好的积木上继续拼搭。乐乐见了，把满满往上搭的积木一个一个拿下来，丢回桌子上，并说道："这是甜甜的。""我帮她再搭高一点儿。"满满说着又把积木往上拼插，乐乐再一次拿下来。

来来回回四五次后，乐乐哭了起来……

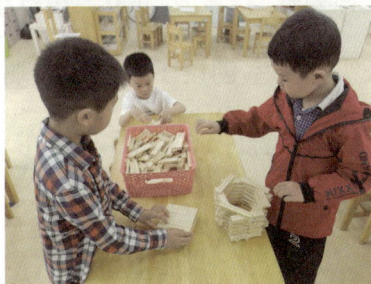

▶ 行为分析

1. 孩子们到了大班，自我认知逐步加强，是非分辨能力也在不断提升；但很多时候，孩子的想法，并不能用语言进行很好的表达。因此，在同伴交往中，容易产生误解或矛盾。性格稍微内向一点的孩子，就容易产生被"欺负"的情绪。就如同片段一中，满满的出发点是想提醒乐乐，地上捡的东西不卫生，但他的解决方式是直接介入，"抢"走乐乐的东西，直接丢掉，而不是用语言去告诉乐乐，从地上捡东西的弊端。

2. 从上述案例中可以发现，乐乐其实是愿意和满满在一起玩的，满满有自己的闪光点，动手能力很强，这是吸引乐乐的地方。但满

169

满更多的时候是用直接行动去表达自己的所思所想，而乐乐遇到这种情况时，只是被动地接受，不会提出拒绝。因此，常常两个小朋友发生矛盾后，都是以乐乐的哭泣来按下"暂停键"。因此，两位小朋友解决问题的能力也有待提升。

▶ **支持策略**

1.创设"好朋友聊天吧"，激发幼儿表达欲望。结合大班孩子的年龄特点，我们在班级活动室创设了"好朋友聊天吧"，除了集体活动时间，小朋友都可以约上自己的好朋友，在"好朋友聊天吧"畅聊。当小朋友发生矛盾时，也可以让两位小朋友来到聊天吧"复盘"矛盾发生的起因、经过等，帮助小朋友学会换位思考。

2.借助集体活动开展，引导幼儿学会说"不"。老师可以根据班级幼儿交往情况，通过集体活动，借助绘本、情景剧等形式，帮助小朋友理解、掌握更多的交往技巧，引导孩子学会适时勇敢地说"不"。例如：案例中，当满满去"抢"或"破坏"玩具时，乐乐可以大声地说："你不可以这样！""不可以抢玩具！""我不同意。"等拒绝的话语；也可以适时向老师寻求帮助。

3.巧妙搭建交流平台，加强家园双向互动。家庭环境和氛围是影响孩子情绪的重要因素，家长解决问题的态度和方式也会在潜移默化中影响孩子的判断。因此，当孩子出现"被欺负"或"欺负"现象时，要及时和家长进行沟通。另外，我们也会常常围绕一些时事热点，在班级群发起互动话题，让家长们畅谈自己的困惑、解决办法等。根据教师对班级孩子交往惊恐的观察，我们在班级微信群发起了一次关于"我的孩子经常被'欺负'怎么办"的话题讨论，当老师说明互动话题和互动原因后，瞬间激发了家长们的共鸣，结合时事热点，畅谈自己的想法，并出谋划策，在互动中，能够从不同立场了解家长们的观点，在辩论中，也能收获很多育儿"金点子"。

通过持续一段时间的观察和双方家长的沟通，当乐乐和小朋友再发生矛盾时，不再只会用"哭"来解决问题，对于自己不喜欢的事情，乐乐尝试着勇敢地说出了"不"。

（杭州市钱塘区幼儿园　朱晨敏）

"霸王龙"宝宝转型记

▶ **案例背景**

托班幼儿因月龄小一般以自我为中心，很难顾及他人。在与其他幼儿相处时，有类特别的"霸王龙"宝宝极易发生攻击性行为。遇到同伴冲突时主要以打人、咬人、掐人、挖人等以身体攻击为主。

▶ **案例描述**

小龙在上托班的几个月里表现出性格比较急躁，平时看到班里同伴有好玩的玩具或是自己想要的东西，伸手就拿，不行就抢夺。类似的问题层出不穷，每天班里都会上演各种哭戏。其他孩子及家长都对这个"霸王龙"宝宝避之不及。教师也经常会接到各方的告状，如何处理好至关重要。

▶ **行为分析**

托班幼儿因为其年龄小，心智还在发育中，语言表达能力又较弱，出现攻击性行为究其原因有多方面因素：

1."霸王龙"只想和你玩

他们在和父辈、祖辈玩耍时，就是随意地拍打一下，不仅不会责怪，还能博得大人的一阵嬉笑。所以这种行为也成了他们与伙伴玩耍的方式。

2."霸王龙"只为被关注

祖辈对幼儿的抚养方式更多的是注重日常的照护，对其宠溺，缺乏科学的教养。因为父母的不关注，他需要通过不良行为引起大家的关注。

3."霸王龙"只因爱模仿

父亲在其出现攻击性行为时用"暴力"解决问题，不是暴揍一顿就是大声呵斥导致其恶性循环，攻击性行为有增无减。

▶ 支持策略

1. 家园双倍"关爱"，萌发爱的回应

（1）理解接纳幼儿行为，开启师幼对话关怀。先理解托班年龄段特殊的行为表现，在解读中需要接纳幼儿的行为。与幼儿开启对话，帮助幼儿学会关心，促进好的行为发生。鼓励幼儿用友好的方式与同伴相处、自由交往和游戏。利用家园互动开展各种活动，鼓励幼儿与别人尝试关爱活动，初步体验友好相处的快乐。

（2）依托家长沙龙讲座，开展家园双向关怀。共享更新国内外先进的科学育儿知识。将幼儿在园与同伴快乐游戏的活动拍下照片，上传到群相册里。同时积极调动家长参与沙龙的讨论。了解幼儿的行为背后的需求和特点，逐步能够理解幼儿的行为，采取和善的态度、科学的方式与幼儿沟通。

（3）指导非暴力沟通法，促使家长有章可循。私下与家长进行个别交流，反馈怎样的方式教育幼儿学会交往会有不同的教育效果。这种家园互动沟通虽然不能一蹴而就，但在一定程度上或多或少都能影响家长，改变家长的教育观。

引导幼儿不做"霸王龙"，唯有直面冲突，引导幼儿规避不良行为理性对待，学习与同伴交往的基本规则和技能诀窍。有三种方法：

明示态度法：教师和家长双方必须明确态度："霸王龙"型霸凌行为是不会有人喜欢的。正向地表明有益于改善攻击性行为。

转移注意法：家园双方还可达成一致想法，延迟满足幼儿的需要，使其学会等待。尽量在其等待的时间里多给予幼儿完成感兴趣事的机会，转移其注意力。

自我抑制法：如果幼儿很难控制自己的情绪，家长可教给他控制攻击性行为的方法。

2.真心传递"关注"，渗透爱的回应

"霸王龙"宝宝抗受挫折能力比较薄弱，需要创设一个温馨的心理环境。

（1）开展趣味游戏，沉浸亲历体验。教师的支持注重三步法：第一步，巧妙创设游戏环境，鼓励幼儿多交流游戏，开启联动游戏交往模式。第二步，注重趣味材料投放，逐步丰富游戏材料，给亲社会行为提供保障。第三步，善于观察并放手支持，给幼儿提供交流与合作机会。这在很大程度上锻炼了幼儿的游戏交往能力。

（2）细节渗透关注，尝试换位思考。每天早上点名的时候，对请假的幼儿进行电话联系，请班里的幼儿表达朋友生病了大家都很挂念，也很关心朋友，希望朋友早点健康回幼儿园与同伴开心地游戏。当幼儿有分离焦虑、哭鼻子想妈妈时，请其他幼儿来当哥哥姐姐，用各种方法让幼儿能停止哭泣，并能与大家一起正常活动。还有通过养护植物、照顾小动物、饲养小鱼来助推亲社会行为。

（3）珍视共情体验，潜移默化改变。在班里创设安抚区、心情角，让幼儿可以独处宣泄不良的情绪或是和好朋友说说悄悄话。同时增设游乐区，满足幼儿同伴嬉戏的需求。这样更有效地促进幼儿的友爱行为，同时能有效地抑制可能对他人造成伤害的攻击性行为。

3. 正向运用"关怀"，强化爱的回应

（1）"关怀"正面示范，注重榜样作用。当"霸王龙"宝宝出现亲社会性行为时，马上抓住这个教育点，对其表示关注并进行精神奖励。可在集体面前对幼儿进行口头表扬、肯定鼓励等，通过集体舆论来强化、巩固儿童的亲社会倾向。

（2）善用褒奖鼓励，不宜频繁使用。褒奖鼓励如不恰当，幼儿的眼光很容易只是集中在我想得到表扬上，而没有将这种亲社会行为内化，对幼儿长此以往的发展是不利的。挑选适宜的书籍及动画片，对于有亲社会行为的应加以选择。同时要注意一些暴力动画片坚决杜绝让幼儿观看，免得幼儿学习模仿。

（3）学习交往技能，尝试解决冲突。不宜急着当消防队员处理灭火现场，不要急着介入，更不要代替幼儿解决矛盾，教师最好的方式是搭建自主解决冲突的平台，为幼儿提供独立解决问题的机会。当然具体问题具体分析，幼儿如果掌握了正确的交往技能与方式，那出现攻击性行为的频率自然会有所下降。在此基础上强化亲社会性行为会更好地改善同伴关系。

（杭州市钱塘区文思幼儿园　许萍萍）

视频二维码

小果成长记

▶ 案例背景

　　参加区班级足球联赛是班上孩子们共同的愿望，为了这个愿望，大家总是趁着户外活动时间去足球场练习。热火朝天的训练氛围同样感染了害羞的小果。于是在绿茵场的小角落里，总会看到小果默默地和好朋友滴答一来一往传球的画面。教师发现小果对足球很有兴趣，通过踢球动作示范、个别化动作指导、及时肯定等方式，挖掘足球训练及比赛中潜在的教育价值。锻炼幼儿的个人技能的同时，培养团队合作能力，以及坚持、勇敢、乐于尝试等良好学习品质，鼓励幼儿加入对抗赛中，进一步感受足球的魅力。

▶ 案例描述

　　片段一：小果和滴答两个人在操场的一角你一下、我一下地传球。一开始两人之间的距离只有2米，小果用脚尖将球踢出，滴答用脚拦住，继续踢给小果。教师见状走了过来，说道："你们在踢足球的时候有三个地方可以踢，一是足弓（脚部动作展示），另外就是脚内侧和脚外侧了，这样用脚尖踢球，脚很容易受伤的哦。"教师示范了脚尖绷直用足弓踢球的方法，并提醒两人可以距离远一点，踢球时加点力气。

小果和滴答再次尝试起来。这一次两个人的距离差不多有 4 米，小果先将脚立起来对着足球中部用力踢起来，接着滴答用脚底踩停足球，重新踢过来。踩停、踢出、踩停……两人你来我往，玩了好一会儿。

片段二：户外游戏时，教师在场地上摆了五根柱子，请小朋友足球绕障碍后射门，小果排到了玉米的后面。轮到小果时，只见小果轻轻地踢动着足球，足球向左前方滚动了 40cm 左右，然后小果跟上去继续朝左前方踢球，踢了三下后，小果转换方向绕过第一个杆子朝着右前方绕行起来……一个个杆子绕过去，最终射门成功。整个过程，小果共计花费了 54 秒。接着小果又抱着球来到队伍后面，开始了新一轮的挑战……

片段三：每天的训练中教师都会问小果："等下的 5v5 足球比赛，你想上场吗？"一开始小果都是摇摇头，而且第二天妈妈会私信老师说："老师，小果说她不想上场踢球，她害怕。"持续一段时间，教师再次问小果："老师发现你最近足球练得很不错，带球也很好，要不要试试上场比赛？"小果微微扬了扬嘴角，但还是摇头。每天的训练时，他依然很认真地练习。半个月后，老师继续问小果："这次我想请你和你的好朋友一起，如果你害怕，先当后卫可以吗？"这一次小果同意了。在场上，当球到面前时，小果动作不快，但他勇敢地往前冲去，将球踢走……比赛结束后，教师问："好玩吗？"

小果露出了大大的笑脸，重重地点了点头，说："好玩！"

▶ 行为分析

1. 足球作为一项全民运动，在班级内也深受孩子们的喜欢。在教师讲解了足球游戏规则和玩法后，小果能够通过两两合作传球、带球绕障碍等方式练习足球技能，过程中的专注性和坚持性值得表扬。同时因为胆子较小，踢球时较为害羞，因此踢球的力度也较小。所以绕杆时会出现踢3至4脚才能绕过一个杆，两两传球距离仅2米，当老师请她加入5v5对抗赛时摇头甚至觉得害怕等。这都与幼儿自身性格以及不自信有关。因此，后期教师通过语言鼓励、动作示范、找准位置等，慢慢去引导幼儿改变。

2. 一开始，小果在踢球的时候是使用脚尖踢球的。错误的踢球方式不仅会导致幼儿受伤，而且在传球时也会影响幼儿的力度使用。在教师示范正确的踢球方式后，小果很快调整并且将传球距离拉长。在游戏中，幼儿始终认真参与训练，认真对待，在一步步的练习中增加了自信。

3. 在足球的热烈氛围中，在一次次地观看其他人的足球赛中，小果始终不肯同意上场，甚至因此不愿意来上幼儿园。但是随着同伴加入游戏，以及自身技能训练的不断成熟，小果最终同意上场，并在比赛中勇敢地上前拦截对方的球，比赛结束后感到满足和高兴。在比赛中，幼儿跨出的一小步，同时是幼儿对自我挑战和认可的一大步，幼儿的归属感和团队意识不断增强，并进一步感受足球的乐趣。

▶ **支持策略**

1. 在常规的足球游戏中，教师一般会采用左右脚交替踩球、双脚踏球向前、双脚左右拉球、荡球训练、传球练习、带球绕障碍等技巧帮助幼儿更好地熟悉和掌握足球，锻炼幼儿的球感。同时鼓励幼儿加入变速跑和拦截、射门等动作，增强幼儿游戏的趣味性，提升自信心。

2. 尊重幼儿的个体差异，理解每个幼儿在运动水平、身体动作、个人能力方面的不同。针对胆怯的孩子，找准游戏的兴趣后，更要通过耐心观察和引导，让幼儿融入集体中，敢于表达自己的想法，培养幼儿敢于尝试、乐于尝试的良好学习品质。

3.在后续活动中，教师可以通过发送幼儿的游戏视频、照片等方式，和家长分享幼儿的精彩瞬间，鼓励家长也可以带着小朋友一起去玩玩球，让幼儿更喜爱足球。同时同伴的带动、教师鼓励性的话语、对宝贝敢于上场踢球予以肯定和支持等，帮助幼儿在后期的对抗赛中继续努力，感受足球游戏的乐趣。

（杭州市钱塘区景苑幼儿园　张文红）

微信扫码

AI 教学助手

内容图谱

知识图卡

保育笔记

附录：评估量表